本报告由华中师范大学政治学一流学科建设经费资助出版

指　导 / 中国扶贫发展中心

主　办 / 华中师范大学

主　编 / 陆汉文

副主编 / 刘　杰　江立华

中国乡村振兴报告

（2021）

REPORT ON RURAL REVITALIZATION IN CHINA (2021)

巩固拓展脱贫攻坚成果

CONSOLIDATION AND DEVELOPMENT OF
POVERTY ELIMINATION ACHIEVEMENT

社会科学文献出版社

SOCIAL SCIENCES ACADEMIC PRESS (CHINA)

图书在版编目（CIP）数据

中国乡村振兴报告. 2021：巩固拓展脱贫攻坚成果 /
陆汉文主编. -- 北京：社会科学文献出版社，2022.6
ISBN 978 - 7 - 5228 - 0270 - 1

Ⅰ.①中… Ⅱ.①陆… Ⅲ.①农村－社会主义建设－
研究报告－中国－2021 Ⅳ.①F320.3

中国版本图书馆 CIP 数据核字（2022）第 105107 号

中国乡村振兴报告（2021）
——巩固拓展脱贫攻坚成果

主　　编 / 陆汉文
副 主 编 / 刘　杰　江立华

出 版 人 / 王利民
组稿编辑 / 刘　荣
责任编辑 / 单远举
责任印制 / 王京美

出　　版 / 社会科学文献出版社（010）59367011
　　　　　　地址：北京市北三环中路甲 29 号院华龙大厦　邮编：100029
　　　　　　网址：www. ssap. com. cn
发　　行 / 社会科学文献出版社（010）59367028
印　　装 / 三河市东方印刷有限公司

规　　格 / 开　本：787mm × 1092mm　1/16
　　　　　　印　张：12. 25　字　数：175 千字
版　　次 / 2022 年 6 月第 1 版　2022 年 6 月第 1 次印刷
书　　号 / ISBN 978 - 7 - 5228 - 0270 - 1
定　　价 / 99. 00 元

读者服务电话：4008918866

前　言

　　2021 年 2 月 25 日，全国脱贫攻坚总结表彰大会隆重召开，习近平总书记宣告："我国脱贫攻坚战取得了全面胜利，现行标准下 9899 万农村贫困人口全部脱贫，832 个贫困县全部摘帽，12.8 万个贫困村全部出列，区域性整体贫困得到解决，完成了消除绝对贫困的艰巨任务。"① 脱贫攻坚战全面胜利标志着第一个百年奋斗目标顺利实现，标志着我国创造了历史性消除绝对贫困的人间奇迹。

　　2021 年是"十四五"开局之年，我国迈入全面推进乡村振兴新阶段，走上全面建设社会主义现代化国家、实现第二个百年奋斗目标新征程。在新阶段新征程，发展不平衡不充分问题最突出的表现依然在三农领域、在脱贫地区。让脱贫基础更加稳固、成效更可持续，坚决守住不发生规模性返贫的底线，依然是脱贫地区面临的重大挑战。

　　习近平总书记明确指出："对脱贫县要扶上马送一程，设立过渡期，保持主要帮扶政策总体稳定。"② 《中共中央　国务院关于实现巩固拓展脱贫攻坚成果同乡村振兴有效衔接的意见》 要求，脱贫攻坚目标任务完成后，设立 5 年过渡期。脱贫地区要做好过渡期内领导体制、工作体系、发展规划、政策举措、考核机制等有效衔接，从解决建档立卡贫困人口"两不愁三保障"为重点转向实现乡村产业兴旺、生态宜居、

---

① 习近平：《在全国脱贫攻坚总结表彰大会上的讲话》，《人民日报》2021 年 2 月 26 日，第 2 版。

② 习近平：《在全国脱贫攻坚总结表彰大会上的讲话》，《人民日报》2021 年 2 月 26 日，第 2 版。

1

乡风文明、治理有效、生活富裕，从集中资源支持脱贫攻坚转向巩固拓展脱贫攻坚成果和全面推进乡村振兴。

过渡期的设立不仅体现了党和国家领导人对脱贫地区发展问题复杂性与长期性的认识，也体现了对脱贫地区发展的不平衡、不充分特点的把握。一方面，部分脱贫群众的发展脆弱性与返贫风险依然存在，只有建立相应的监测与帮扶机制才能守住不发生规模性返贫底线；另一方面，脱贫地区的发展依然面临诸多挑战，"扶上马"再"送一程"尤为必要。相较于其他地区，脱贫地区全面实施乡村振兴战略，不仅发展条件相对滞后，管理体制与工作体制的转换也难以一蹴而就。5 年过渡期的设立不仅留足了巩固脱贫成果的政策资源与发展时间，也为拓展脱贫成果与全面推进乡村振兴提供了发展机遇与探索空间。

《中国乡村振兴报告》计划按年度出版，反映各地弘扬脱贫攻坚精神，巩固拓展脱贫攻坚成果，全面推进乡村振兴的实践进展，回应这一历史进程对智库研究报告的需求。2021 年报告聚焦过渡期开局之年巩固拓展脱贫攻坚成果重点工作，阐明其背景与形势，解读政策措施，介绍典型案例，分析困难和挑战，提出对策建议。整个报告分为以下八章。

第一章聚焦防返贫动态监测与帮扶工作，阐述了脱贫攻坚全面胜利后防返贫动态监测与帮扶的必要性和紧迫性，勾勒了防返贫动态监测与帮扶的总体思路和政策设计，基于三个典型案例呈现了防返贫动态监测与帮扶的实践探索，并指出防返贫动态监测与帮扶工作仍然存在返贫风险变动性与差异性较大、农户可持续生计能力测量指标的科学性与有效性不确定、农户主体作用发挥不够等突出问题，最后提出了三条建议：进一步提升防返贫动态监测与帮扶机制的灵敏度和有效性，形成符合各地实际的界定防返贫动态监测范围的指标体系，提升农民主体性发挥作用的空间。

第二章聚焦巩固"三保障"成果和饮水安全，阐明了在巩固拓展脱贫攻坚成果同乡村振兴有效衔接时期巩固"三保障"成果和饮水安全所面临的背景和形势，解读了相关政策设计，介绍了在巩固"三保障"成果和饮水安全方面做出突出成就的典型地方案例，揭示了在巩固"三保障"成果和饮水安全层面还存在农村饮水设施基础条件薄弱、义务教育软件投入重视不足、基层医疗卫生服务滞后和危房改造资金不足等问题，提出了加强农村饮水基础设施建设、建立农村饮水建后管护机制、加大对乡村学校建设的支持力度、提升教育教学质量、动态做好重点群体的预警监测、持续提升基层医疗卫生服务能力、加快推进农村危房改造、改善住房环境和质量等对策建议。

第三章聚焦脱贫地区特色产业发展带动，回顾了我国特色产业的发展历程，分析了脱贫攻坚结束后脱贫地区特色产业发展的总体形势，勾勒了脱贫地区特色产业发展带动的总体思路和政策设计，基于种植、养殖和加工三个典型案例呈现了脱贫地区特色产业发展带动的实践探索，并指出当前脱贫地区特色产业还处于培育成长期，存在发展思路不清和带动效果不强等突出问题，最后提出了四条建议：要理清工作思路，清晰识别本地特色，促进农业特色产业错位发展、合理布局；要以增强产业效益为目标，促进农业特色产业融合发展、增收惠民；要以培育经营主体为抓手，促进特色产业多元发展、利益共享；要以强化要素保障为基础，促进农业特色产业健康发展、提质增效。

第四章聚焦脱贫人口稳定就业促进工作，分析了脱贫人口稳定就业的背景和形势，阐释了脱贫人口稳定就业的顶层设计，揭示了坚持消除绝对贫困的底线思维，基于三个典型案例呈现了脱贫人口稳定就业促进工作的实践探索，并指出了就业结构性矛盾影响脱贫人口就业、脱贫就业服务体系亟待进一步完善和脱贫人口内生动力有待提升等值得关注的问题，提出了通过培训和服务双轮驱动缓解结构性就业矛盾、强化各项就业帮扶政策衔接实现就业扩容和提质双向发力、建立就业援助长效机制激发脱贫人口内生动力等对策建议。

第五章聚焦过渡期易地扶贫搬迁后续扶持工作，阐述了当前我国易地扶贫搬迁后续扶持工作在建立防止返贫监测和帮扶机制、完善配套设施、实施转产转业、提升公共服务水平和社区治理能力等方面取得的成绩，并从组织体系、政策措施和考核机制等方面分析了易地扶贫搬迁后续扶持的政策设计，揭示了安置点在产业就业、基层治理和公共服务等方面面临的挑战，提出做好与农业转移人口市民化发展战略衔接、解决弱劳动力就业问题、激发社区内源性发展动力和促进搬迁群众权益保障与社区融合等对策建议。

第六章聚焦过渡时期扶贫资产管理与监督议题，介绍了扶贫资产管理与监督的背景、形势及重大意义，梳理了扶贫资产管理与监督的政策设计与政策逻辑，基于三个典型案例呈现了不同地区在扶贫资产管理与监督方面的地方实践，并指出扶贫资产管理与监督仍然存在扶贫资产摸底与确权任务繁重、扶贫资产管护监督职责模糊、扶贫资产收益分配机制不完善和缺乏到户资产管理的政策引导等突出问题，提出了四条对策建议：创新工作体系以推动确权登记、明确所有权，放活经营权和落实监督权以完善管护责任分配，完善新的利益联结机制，注重对到户类扶贫资产的政策激励与引导。

第七章聚焦村级治理水平与发展能力，阐述了提升村庄治理能力对实现乡村振兴的重要意义，介绍了提升乡村治理能力的顶层设计，基于四个典型案例分析了不同村庄通过党建引领、依法善治、创新自治和壮大集体经济等方式提升治理能力的实践经验。本章指出了村级治理中存在的治理工作碎片化、部分基层党组织能力不足与村民自治"制度空转"等值得关注的问题，并提出以下对策建议：应当坚持自治、法治、德治"三治融合"，构建"三治"之间的对话机制，加强协调，形成合力；健全完善村民自治机制体制，使用多元化的治理工具提升基层自治的水平；强化农民主体性地位，实现乡村振兴人才保障。

第八章聚焦巩固拓展脱贫攻坚成果管理体制与工作机制，阐述了脱贫攻坚全面胜利以来相关体制机制的延续与调整，分析了制度安排和政策设计演变的理论逻辑与实践逻辑，揭示了巩固拓展脱贫攻坚成果与乡村振兴在领导与组织层面的一致性与差异性，以及具体领域体制机制的延续与转换等值得关注的问题。基于以上总结与分析，提出了以下三个方面的对策建议：进一步明确有关部门职能与分工，进一步完善基层干部激励机制，进一步加强脱贫群众的组织动员。

目　录

第一章　防返贫动态监测与帮扶

贫困问题是人类社会面临的重要"顽疾"，返贫问题是一国反贫困及反贫困战略实施过程中出现的经济社会现象。[①] 从中国的反贫困历程来看，尽管国家在扶贫过程中一直注意返贫问题，但返贫问题始终伴随着扶贫实践过程而存在，这既与在根治贫困上具有多方面的阻力有关，也与中国在贫困治理过程中重"治贫"而轻"防贫"的扶贫实践有关。习近平总书记 2021 年 2 月 25 日在全国脱贫攻坚总结表彰大会上指出："对易返贫致贫人口要加强监测，做到早发现、早干预、早帮扶。"[②] 脱贫攻坚的胜利意味着中国在治理贫困"顽疾"中取得了重大成就，形成了有效的经验。立足新发展阶段，在防返贫动态监测与帮扶方面进一步开展探索，成为反贫困理论与实践的重要议题。

一　背景与形势

脱贫攻坚取得胜利之后巩固拓展脱贫攻坚成果面临新形势、新挑战。2020 年底，我国现行标准下农村贫困人口全部脱贫、贫困县全部摘帽、区域性整体贫困得到解决，困扰中华民族几千年的绝对贫困问题得到历史性消除，脱贫攻坚成果举世瞩目。"十四五"时期，我国要在全面解决绝对贫困问题基础上实现巩固拓展脱贫攻坚成果同乡村振

---

① 焦国栋：《遏制我国农村返贫现象的若干举措探析》，《中州学刊》2005 年第 4 期，第 88—90 页。

② 习近平：《在全国脱贫攻坚总结表彰大会上的讲话》，《人民日报》2021 年 2 月 26 日，第 2 版。

兴有效衔接。巩固拓展脱贫攻坚成果是实现同乡村振兴有效衔接的基础和前提，但脱贫攻坚取得胜利后，从农户角度来看，还有一些脱贫户的发展基础比较脆弱。在脱贫攻坚阶段，许多贫困户通过帮扶措施脱贫并具备了一定程度的发展条件和发展能力，但是这些条件和能力很大程度上还是初步的，具有较大程度的脆弱性，许多脱贫户还只是刚刚摆脱绝对贫困，脱贫攻坚胜利后，如果不进行持续培育和帮扶，就无法很好地应对新的形势和挑战；一些边缘户还面临致贫风险，脱贫攻坚阶段，许多建档立卡贫困户获得了较大程度的帮扶，收入超过了绝对贫困线，但是部分没有建档立卡的贫困边缘户仍然具有一定的脆弱性，如果不及时关注，他们很有可能因各种风险致贫；一些农户会因病因灾因意外事故等导致基本生活出现严重困难，如果不进行及时监测、预警、帮扶，有些遭受疫情冲击的农户会陷入困境，在疫情常态化的背景下，还会产生许多影响农户的"次生灾害"。从区域角度来看，脱贫地区特别是原深度贫困地区及贫困县脱贫摘帽时间较晚，经济社会发展基础薄弱、政策红利输入停止、政策执行缺陷①、社会保障公共服务薄弱、扶贫资金不足及漏出等可能加大返贫风险，使这些地区发生返贫致贫现象，这些地区如果不进行持续监测、预警、帮扶，规模性返贫风险比较大，将直接威胁脱贫攻坚成果的巩固；对易地搬迁脱贫区域，尤其是整村搬迁的区域，在新时期要想实现稳得住、有就业、能致富，也会面临新的形势和挑战。

防返贫动态监测与帮扶是巩固拓展脱贫攻坚成果的内在需要。在建立和完善扶贫监测系统层面，为有效治理现有返贫和减少将来的贫困，需要对贫困脆弱性和返贫风险进行识别与估计②，返贫的事前预防极其

---

① 包国宪、杨瑚：《我国返贫问题及其预警机制研究》，《兰州大学学报》（社会科学版）2018 年第 6 期，第 123—130 页。

② 张琦：《稳步推进脱贫攻坚与乡村振兴有效衔接》，《人民论坛》2019 年第 S1 期，第 84—86 页。

重要，返贫预警机制构建是脱贫工作不可或缺的方面①，对返贫原因、作用过程进行分析的最终目的在于对其进行事前干预，通过一定手段监测弱势群体的返贫状态②。针对脱贫不稳定户、边缘易致贫户、突发严重困难户以及原深度贫困地区贫困户面临的新形势新挑战，要想持续巩固拓展脱贫攻坚成果，首先就需要及时建立和完善防止返贫动态监测和帮扶机制，加强防止返贫动态监测和帮扶，是守住不发生规模性返贫底线的关键抓手，是巩固脱贫成果的重中之重。一方面，要想在新的时期及时了解返贫风险，就要加强动态监测，因为新时期的返贫风险存在动态性和不确定性，在监测这些风险时需要形成动态及时的有效机制，也形成一种观察返贫风险和检验脱贫攻坚成效及稳定脱贫成效的标尺；另一方面，要想在新时期返贫风险存在的情况下持续巩固拓展脱贫攻坚成果，就要形成更有针对性和精准性的帮扶举措，要进一步针对返贫风险因素形成精准举措，针对单一致贫因素要形成专门举措，针对综合致贫因素要形成综合举措，以增强帮扶举措的有效性，提升帮扶举措的效率。

防返贫动态监测与帮扶是优化贫困治理体系的重要环节。脱贫攻坚阶段的伟大成就为贫困治理体系的探索与完善奠定了基础，积累了经验，开辟了路径，需要在新时期对这一体系进行持续的巩固。面对新的情况，面对贫困样态的变化，也需要持续不断地对既有的贫困治理体系进行拓展优化。2020 年后，在绝对贫困问题得到历史性解决后，贫困群体、空间分布以及表现、成因、特征等都将发生结构性变化；贫困治理转型，也需要从运动式治理转向制度化、常规化治理，从一般性扶贫到专业化减贫防贫，从以"扶贫"为主转入以"防贫"为主。相对脱贫攻坚阶段而言，新时期巩固拓展脱贫攻坚成果，防止规模返贫呈现新的特点：一是在空间上，应对面扩大了，脱贫攻坚阶段重点应对的是贫

---

① 范和生：《返贫预警机制构建探究》，《中国特色社会主义研究》2018 年第 1 期，第 57—63 页。

② 包国宪、杨瑚：《我国返贫问题及其预警机制研究》，《兰州大学学报》（社会科学版）2018 年第 6 期，第 123—130 页。

困村，而新时期应对的是所有的村；脱贫攻坚阶段重点关注的是贫困群体，新时期关注的是潜在贫困群体，这使得新的贫困治理体系要应对的面随之扩展。二是在时间上，应对举措要前移，脱贫攻坚阶段重点应对的是已经陷入贫困的群体和地区，新时期要关注尚未陷入贫困但有陷入贫困趋势的群体和地区，这使得贫困治理体系的关注点要转移到贫困临界点之前，而不是之后。三是过程上，应更加强调动态性，不论是监测还是帮扶，新时期的贫困治理体系要及时跟上情况的变化，而不是在形成贫困的既定事实后才进行识别帮扶。因此，构建一套防返贫预警与监测帮扶机制是进一步丰富完善贫困治理体系的重要方向。

当前在防返贫动态监测与帮扶方面亟须建立体制机制。面对新的形势和挑战，各地在巩固拓展脱贫攻坚成果上如何展开实践还处在起步阶段，防返贫动态监测与帮扶机制的形成仍在探索，有些地方还尚未起步。据国家乡村振兴局的相关资料，2021 年一季度，有 532 个脱贫县没有新增监测对象，有一些县的监测数据居然是"零"变化，有的地方还在等待观望，有的胸中基本没数，有的盲目乐观。① 中央层面虽然制定了建立健全防止返贫动态监测和帮扶机制的指导意见，但是面对全国各地不同的自然经济社会背景差异，在地方实践中仍然亟须进一步开展探索，以更好地落实中央层面的相关要求，更好地完成当地巩固拓展脱贫攻坚成果的目标。

二 防返贫动态监测与帮扶的政策设计

2020 年 3 月 20 日《国务院扶贫开发领导小组关于建立防止返贫监测和帮扶机制的指导意见》和 2021 年 5 月 14 日《中央农村工作领导小组关于健全防止返贫动态监测和帮扶机制的指导意见》等文件接续出

---

① 王正谱：《在健全防止返贫动态监测和帮扶机制工作部署会议上的讲话》，《中国乡村振兴》2021 年第 3 期。

台，在防返贫动态监测与帮扶的对象和范围、方式和程序、帮扶政策举措以及组织保障等方面形成了明确的指导意见，国家层面初步形成了防返贫动态监测与帮扶的总体政策设计。

（一）防返贫动态监测的对象和范围

"返贫"既包括脱贫人口返回到贫困状态的现象，又包括非贫困人口因受各种因素的制约和影响，导致家庭收入条件恶化而沦为贫困人口的现象。[①] 从农户的角度，关于防返贫动态监测对象，《中央农村工作领导小组关于健全防止返贫动态监测和帮扶机制的指导意见》指出："以家庭为单位，监测脱贫不稳定户、边缘易致贫户，以及因病因灾因意外事故等刚性支出较大或收入大幅缩减导致基本生活出现严重困难户。"也就是说，防返贫动态监测对象主要是三类：一是脱贫不稳定户，二是边缘易致贫户，三是突发严重困难户。根据《国务院扶贫开发领导小组关于建立防止返贫监测和帮扶机制的指导意见》，脱贫攻坚期内，防止返贫监测主要针对脱贫不稳定户和边缘易致贫户，新时期增加了突发严重困难户，这是对新形势下面临的新问题作出的及时研判和完善。关于防返贫动态监测范围，脱贫攻坚期内，中央层面确定了全国统一的监测范围和监测标准，即"人均可支配收入低于国家扶贫标准1.5倍左右的家庭，以及因病、因残、因灾、因新冠肺炎疫情影响等引发的刚性支出明显超过上年度收入和收入大幅缩减的家庭。监测对象规模一般为建档立卡人口的 5% 左右，深度贫困地区原则上不超过10%"。[②] 脱贫攻坚胜利后，面对新时期，《中央农村工作领导小组关于健全防止返贫动态监测和帮扶机制的指导意见》对防返贫动态监测范围提出了新的指导原则："各省（自治区、直辖市）综合本区域物价指

[①] 贺雪峰：《精准治理的前提是因地制宜——精准扶贫中的四个案例》，《云南行政学院学报》2020 年第 3 期。

[②] 国务院扶贫开发领导小组：《关于建立防止返贫监测和帮扶机制的指导意见》（国开发〔2020〕6 号），2020 年 3 月 20 日发布。

数变化、农村居民人均可支配收入增幅和农村低保标准等因素，合理确定监测范围，实事求是确定监测对象规模。"第一，防返贫动态监测范围由各省自行确定，中央层面不作统一规定，这充分考虑到了各个地方自身的具体实际，给各省实事求是地确定监测对象规模和范围留足了空间；第二，指出了确定监测范围和监测对象规模的主要参考因素，包括区域物价指数变化、农村居民人均可支配收入增幅和农村低保标准等，各省依据这些因素进行综合考虑，以确保实事求是。

从区域的角度，《中央农村工作领导小组关于健全防止返贫动态监测和帮扶机制的指导意见》针对规模性返贫的监测预警，重点指出对自然风险、社会经济风险、政策落实风险等层面的监测预警。自然风险主要包括"水旱灾害、气象灾害、地震灾害、地质灾害、生物灾害、火灾，以及疫情等各类重大突发公共事件"，社会经济风险主要包括"大宗农副产品价格持续大幅下跌、农村劳动力失业明显增多、乡村产业项目失败、大中型易地扶贫搬迁集中安置区搬迁人口就业和社区融入等"，政策落实风险主要包括"因工作、责任、政策落实不到位造成的返贫现象"。[①]

（二）防返贫动态监测的方式和程序

关于防返贫动态监测的方式，《中央农村工作领导小组关于健全防止返贫动态监测和帮扶机制的指导意见》提出了三种方式，基本上是对脱贫攻坚时期防返贫动态监测方式的延续。一是农户自主申报，在加强政策宣传、提高政策知晓度基础上，因地制宜拓展便捷的自主申报方式；二是基层干部排查，要充分发挥制度优势，依靠乡村干部、驻村干部、乡村网格员等基层力量，进行常态化预警，每年至少开展一次集中排查；三是部门筛查预警，进一步加强相关部门数据共享和对接，充分

---

① 中央农村工作领导小组：《关于健全防止返贫动态监测和帮扶机制的指导意见》（中农组发〔2021〕7号），2021年5月14日发布。

利用先进技术手段，及时将预警信息分类分级核实。通过自下而上的农户自主申报、自上而下的基层干部排查、基于数据共享和对接的部门筛查预警，以及三种方式的互为补充、相互协同，可以形成有效的监测对象快速发现和响应机制。

关于防返贫动态监测的程序，《中央农村工作领导小组关于健全防止返贫动态监测和帮扶机制的指导意见》提出增加农户承诺授权、民主公开以及风险消除等环节，这三个环节都是在脱贫攻坚阶段防返贫动态监测程序基础上新增加的环节，这是对防返贫动态监测机制的进一步完善。一是监测对象确定前，农户应承诺提供的情况真实可靠，并授权依法查询家庭资产等信息。二是在确定监测对象、落实帮扶措施、标注风险消除等程序中，应进行民主评议和公开公示。三是针对不同的返贫致贫风险层次，在标注"风险消除"上要根据实际情况采取不同的应对，对收入持续稳定、"两不愁三保障"和饮水安全持续巩固、返贫致贫风险已经稳定消除的，标注为"风险消除"，不再按"监测对象"进行监测帮扶；对风险消除稳定性较弱，特别是收入不稳定、刚性支出不可控的，在促进稳定增收等方面继续给予帮扶，风险稳定消除后再履行相应程序；对无劳动能力的，落实社会保障措施后，暂不标注"风险消除"，持续跟踪监测。

（三）防返贫动态监测对象的主要帮扶政策

关于防返贫动态监测对象的主要帮扶政策，《中央农村工作领导小组关于健全防止返贫动态监测和帮扶机制的指导意见》主要从强化政策支持、坚持精准施策、加强社会帮扶三个方面指出了原则和路径。第一，坚持预防性措施和事后帮扶相结合，可使用行业政策、各级财政衔接推进乡村振兴补助资金，对所有监测对象开展精准帮扶。第二，按照缺什么补什么的原则，根据监测对象的风险类别、发展需求开展针对性帮扶。对风险单一的，实施单项措施，防止陷入福利陷阱；对风险复杂多样的，因户施策落实综合性帮扶；对有劳动能力的，坚持开发式帮扶方针，促进稳定增收；对无劳动能力或部分丧失劳动能力且无法通过产业就业获得稳定收入的，纳入农村低保或特困人员救助供养范围，做好兜底保障；对内生动力不足的，持续扶志扶智，激发内生动力，增强发展能力。第三，继续发挥东西部协作、对口支援、中央单位定点帮扶等制度优势，动员社会力量积极参与，创新工作举措，对监测对象持续开展帮扶。

与脱贫攻坚阶段的帮扶措施相比，新阶段的帮扶政策呈现一些新的特点：一是进一步明确了帮扶举措的政策、资金来源，即行业政策资金以及各级财政衔接推进乡村振兴补助资金等；二是更加重视基于致贫返贫风险因素和易致贫返贫人口的基础、条件、特点、需求等采取差异性、灵活性、精准性的举措，因此新阶段的帮扶政策更加突出了风险单一还是风险复杂多样，有劳动能力还是劳动能力弱或者无劳动能力，内生动力强还是内生动力不足这样的类型差异，并在差异的基础上，对应性地制定帮扶举措；三是进一步强调了社会力量在监测对象帮扶中的重要作用。脱贫攻坚阶段，在帮扶政策制定中更加强调产业帮扶、就业帮扶、综合保障、扶志扶智以及其他各种创新性的帮扶手段，这与脱贫攻坚阶段应对的帮扶对象相对固定、帮扶方式相对成熟密切相关，面对新阶段的新情况，要更加注重对帮扶对象的分析，更加注重不同地区、不同群体的不同情况，给地方和基层更多因地制宜发挥主观能动性的空间，更有针对性地形成既符合中央要求又体现地方特点和实际的帮扶举措。

另外，在防返贫动态监测机制的引导下，针对某些主要的、典型的、具体的致贫返贫因素，中央层面适时制定针对性强、时效性强、操作性强的专门政策文件。如为了应对洪涝灾害可能对农民群众生产生活带来不利影响的情况，国家相关部门适时发布《关于防范洪涝灾害切实防止返贫致贫的通知》《关于进一步做好抗灾救灾工作尽快恢复农业生产和农村正常生活秩序的紧急通知》等，为有效防止因灾返贫致贫，巩固拓展脱贫攻坚成果提供了重要保障；为了进一步巩固拓展"两不愁三保障"成果,针对健康、医疗等影响群众致贫返贫的关键变量,专门制定《关于巩固拓展医疗保障脱贫攻坚成果有效衔接乡村振兴战略的实施意见》《关于印发巩固拓展健康扶贫成果同乡村振兴有效衔接实施意见的通知》等政策文件。

(四) 防返贫动态监测与帮扶的组织保障

防止返贫监测帮扶工作综合性很强,不仅仅是乡村振兴(扶贫)部门的职责,也需要相关部门共同参与、合力推动落实。因此,针对防返贫动态监测与帮扶的组织保障,《中央农村工作领导小组关于健全防止返贫动态监测和帮扶机制的指导意见》构建了目标要求明确、各级各部门工作责任明确的组织领导体系。

一是在工作中要把防止返贫、巩固拓展脱贫攻坚成果摆在突出位置,严格落实"四个不摘"要求。

二是对各级各部门的工作职责进行了基本定位,各省(自治区、直辖市)对本区域健全防止返贫动态监测和帮扶工作负总责,制定工作方案,统一组织实施。市县乡落实主体责任,充实保障基层工作力量,做好监测帮扶工作。各地党委农村工作领导小组牵头抓总,各级乡村振兴部门履行工作专责,相关部门根据职责做好信息预警、数据比对和行业帮扶,共同推动政策举措落地落实。各地要结合自身实际,进一步细化内容,明确要求,制定本区域的工作方案,形成各级各部门层层落实的政策基础。

三是强化了相关部门在防止返贫数据信息整合与共享中的部门协作,不仅要健全防止返贫大数据监测平台,进一步强化行业数据信息共享共用,共同开展部门筛查预警和监测帮扶;而且要分批分级有序推进相关行业部门信息系统实时联网;同时要定期集中研判规模性返贫风险隐患,研究制定应对措施,督促指导各地抓好落实。

四是强化了对防止返贫动态监测和帮扶工作成效的考核评估,将防止返贫动态监测和帮扶工作成效作为巩固拓展脱贫攻坚成果的重要内容，纳入乡村振兴战略实绩考核范围，强化考核结果运用；加强监督检查，创新完善工作方式，及时发现解决突出问题，对弄虚作假、失职失责、造成规模性返贫的，严肃处理，追究问责。如国家乡村振兴局在防止返贫监测帮扶工作中一方面对集中排查工作作了安排，指出集中排查不仅要聚焦"三保障"和饮水安全，也要关注易地搬迁、扶贫产业、公益岗位、扶贫车间等社会关切的热点难点，确保不留死角，要坚持边查边改、立行立改，建立问题台账，落实整改措施，逐项核实销号，对符合条件的监测对象，要及时认定，纳入监测帮扶等；另一方面对防止返贫监测帮扶工作加强调度分析，按季调度防止返贫监测帮扶工作，上报分析报告，同时采取实地核查、暗访评估等方式，加强工作督导，对工作不力、进度滞后的进行通报，问题严重的进行约谈，而且要求各地要强化监督检查，倒逼责任落实、政策落实、工作落实，及早发现问题，及时研究解决。[①]

五是提出了在防止返贫动态监测和帮扶工作中注意减轻基层负担，要依托全国防止返贫监测信息系统，运用好国家脱贫攻坚普查结果，进一步完善监测对象基础数据库，不重复建设；要优化监测指标体系，统筹利用信息资源，避免重复填表报数采集信息；要按照统一安排，开展集中排查，防止层层加码。如国家乡村振兴局在《中央农村工作领导小组关于健全防止返贫动态监测和帮扶机制的指导意见》出台后进一步规范了数据填报，调整完善了防止返贫监测指标体系，按照"操作便捷、减轻负担、全程记录"的原则，将信息采集表进行了优化调整，剔除了一些非必要项，最大限度地减轻了基层负担。

三 防返贫动态监测与帮扶的典型案例

基于国家层面有关防返贫动态监测与帮扶的政策设计，各地就如何

---

① 王正谱：《在健全防止返贫动态监测和帮扶机制工作部署会议上的讲话》，《中国乡村振兴》2021 年第 3 期。

使中央政策尽快落地展开了丰富生动的实践探索，许多地区先行先试，初步形成了一些具有典型性和代表性的模式、机制与体系。其中，河北巨鹿县以"1+3+1"防返贫监测帮扶机制为基础，构建了系统性防返贫监测帮扶模式；山东济宁市通过"六大发现渠道"，构建起"多维度、立体式"防返贫发现预警机制；江西遂川县大坑乡通过出台"乡村振兴保"防返贫有效举措，在构建政府+市场多元防返贫帮扶体系方面进行了有益探索。这些典型案例为其他地区开展防返贫动态监测与帮扶提供了有益的参考借鉴。

（一）河北巨鹿县：构建系统性防返贫监测帮扶模式

2018年以来，巨鹿县以"不让一户脱贫群众返贫、不让一户普通群众致贫"为目标，经过反复研究、改革设计，在全国率先探索建立了"1+3+1"防返贫监测帮扶机制（第一个"1"即预警机制，"3"即帮扶+兜底+增收机制，第二个"1"即再评估、再帮扶机制），通过三个阶段（信息预警阶段、防贫措施实施阶段、跟踪评估阶段），持续增强全县防返贫监测帮扶工作的全覆盖预警监测、大数据智能化跟踪管理和综合性广领域帮扶水平。

预警机制。着力构筑全覆盖预警机制，确保做到第一时间发现、第一时间纳入帮扶范围。一是划定重点人群。除脱贫不稳定户、边缘易致贫户外，巨鹿县在全国第一个将因意外致使收入骤减、支出骤增的农户作为重点监测对象，尽全力实现重点对象监测全覆盖。二是开展网络预警。主要通过网格员走访预警，每个行政村设立防贫预警网格员，每半月遍访群众，随发现随通过手机App防贫预警软件向村委会推送信息预警；部门筛查预警，县医保、卫健、交警等24个部门设立防贫预警信息员，定期开展数据筛查，通过大数据比对监测，对触碰预警线的疑似对象，通过巨鹿县防贫预警及管理系统及时发布防贫预警信息，向村委会推送；农户自主申报，农户可通过扫微信二维码，利用微信小程序进行自主预警，或者书面向所在村提出预警申请。对这三方面的信息，村委会当日走访核实预警对象，将符合条件的履行"一评议两公示"审核程序，纳入监测对象，实行动态管理；同时，征求当事人同意签订个人经济信息查询授权书后，当日向乡镇汇总信息，乡镇进行初步审核登记后，当日上报县防贫中心，确保群众一旦有返贫或致贫信号，都能够第一时间发现。三是精准核实比对，县防贫中心将预警对象直接推送至审计局，进行大数据比对，符合条件的，县防贫中心会商研究确定启动防贫机制。

帮扶＋兜底＋增收机制。巨鹿县坚持"缺什么补什么"原则，研究制定了具体帮扶标准、程序，着力提供多层次、复合式的防贫帮扶。一是精准设计帮扶流程。围绕"三类对象"（脱贫不稳定户、边缘易致贫户以及因病因灾因意外事故等刚性支出较大或收入大幅缩减导致基本生活出现严重困难户），区分因病、因灾、因学等11类致返贫情形，逐一制定帮扶机制流程图，通过政策帮扶、社保兜底、自主增收，实现防贫帮扶的科学规范、综合施治和应扶尽扶。二是因需施策开展帮扶。按照"坚持够用即可，防止过度保障，激发内生动力，强调自主发展"的原则开展帮扶。三是着力实现稳定增收。经综合分析会商，通过政策帮扶和防贫补充保险理赔，还需进一步巩固提升的，进行培训就业、发展产业、资产收益、社会帮扶、人文关怀等5项措施。

再评估、再帮扶机制。跟踪评估是防贫工作的再保险、再巩固。为确保万无一失，巨鹿县再加设一道防线，整个帮扶机制完成后，县乡村等涉及部门对帮扶措施进行全面"回头看"，以月、季、年为时间节点对防贫效果进行综合评估。第一次是一个月，随后是一季度对帮扶对象进行走访座谈，全面了解生产生活情况。对通过综合评估以及后期走访了解，极个别仍有返贫致贫风险的，进行再帮扶，确保防贫对象持续稳定增收。对于通过跟踪评估，已经实现稳定增收1年以上，消除风险后经农户认可，按照程序标注消除风险，调出防贫监测台账，实现能进能出、动态调整。

通过信息预警、防贫措施实施、跟踪评估三个阶段，最终形成不符合帮扶条件台账、正在实施防贫机制台账、解除风险台账、再帮扶台账、需跨年度连续帮扶台账 5 本台账。通过台账式管理，确保实现底数精准、动态监测、有案可查，帮扶政策全部落实到位。

（二）山东济宁市：构建立体式防返贫发现预警机制

济宁市聚焦"早发现"这一防返贫致贫的难点、关键点，立足实际、集成创新，2021 年 7 月，建立了起底式排查、"济贫一线通"服务电话、涉贫帮扶窗口、信访舆情化解清零、常态化走访、大数据比对等六大发现渠道，构建起多维度、立体式防返贫发现预警机制，多措并举防返贫防致贫。

起底式大排查，一个都不能少。济宁市在对脱贫群众遍访检查的基础上，主动提升工作标杆，统筹组织乡镇（街道）、村和驻村工作力量，成立核查工作组，对所有农户开展起底式排查，对常年不在家的群众进行电话问询，做到镇不漏村、村不漏户、户不漏人、政策不漏项，不留死角、不留空白地排查各类致贫隐患，每年开展一轮集中排查。济宁市在排查中不回避矛盾、不绕过困难、不掩盖问题，将发现的所有问题都摆上台面、列出清单，并根据排查结果将农户分为风险户和一般户，对风险户逐户核查，符合条件的及时纳入帮扶范围，不符合纳入条件的，向当事人做好解释说明，同时将符合其他行业政策条件的群众转相关部门协调落实解决。

"济贫一线通"，一线连通万家。济宁市设立'济贫一线通'服务电话，各县（市、区）通过张贴明白纸、乡村大喇叭等方式广泛宣传，提高困难群众知晓率，市乡村振兴局安排专人负责接听、答复、转办、回访，并对受理的来电实行"日统计、周分析、月通报、不定期核查"，确保各类问题解决到位。

涉贫帮扶窗口，让求助零距离。困难群众大部分文化水平不高，有些群众不习惯或不会使用电话、手机，更喜欢面对面地交流。济宁市充分考虑这一现实，在全市 151 个乡镇（街道）3299 个村为民服务中心设立涉贫帮扶窗口，让发现预警功能进大厅、进窗口、进村居，方便群众就近就地咨询政策、寻求帮扶。为提升窗口服务质量、服务效果，济宁市要求每个县（市、区）统一设计涉贫帮扶窗口标识，每个窗口均悬挂清晰醒目标识牌、放置政策咨询明白纸，并明确受理、登记、转办、回复等工作流程和时限要求，安排熟悉政策、责任心强的工作人员为群众提供服务，做到"一口清""一表清"，进一步畅通困难群众咨询政策、申请帮扶的渠道。

信访舆情化解，多解决少解释。涉贫信访舆情往往存在潜在的返贫致贫风险。为妥善化解涉贫信访舆情，消除返贫致贫风险，济宁市乡村振兴局整合12317、12345反馈线索，与信访、网信等部门每日共享信息，并委托专业机构对网络媒体全天候监测。由此，济宁市建立了涉贫信访舆情化解清零机制。为了确保所有涉贫信访舆情问题能够及时化解、动态清零，济宁市完善监测预警、分析研判、对下转办、横向推送、调查核实、结果反馈和抽查复核流程，做到即时发现、及时处置、限时反馈、随时回访，对各类问题线索建立台账，发现一个、挂号一个，化解一个、销号一个。

网格常态走访，走深走心走实。为实现对风险户的快速响应，济宁市统筹组织第一书记、驻村工作队、包村干部、村"两委"成员、乡村网格员等工作力量，发挥他们一线情况熟、掌握信息快的优势，对所有农户分组包干，人盯人、网格化常态走访。济宁市还注意发挥帮扶责任人的作用，对脱贫户每月走访一次，排除返贫风险、监督政策落实、完善档案资料；压实村级扶贫专干责任，对鳏寡孤独特殊群体开展"日走访"，确保基本生活有保障。

部门数据比对，让数据多跑路。济宁市依托市大数据中心，整合18类行业数据，探索对所有监测对象收支情况、行业部门政策兑现落实情况和家庭财产状况等实时在线监测。通过定期将监测对象信息与民政、教育、医保、卫健、公安、残联等行业部门数据比对，筛查行业帮扶政策落实情况，确保各项政策及时足额兑现，同时及时发现医疗大额支出、突发事故、重大变故等，及时预警干预；通过与公安、人社、自然资源、市场监管、农机等部门进行数据比对，对风险户家庭财产、赡养抚养人情况进行评估，综合研判返贫致贫风险等级，为精准纳入提供依据。

（三）江西遂川县大坑乡：构建政府＋市场多元防返贫帮扶体系

大坑乡位于原国定重点贫困县江西省吉安市遂川县的中部，"十三五"时期在党委政府的领导下，大坑乡全体干部群众上下一心，合力攻坚，顽强地啃下了贫困这块"硬骨头"，4个重点贫困村如期出列，全部贫困人口如期脱贫。但是，脱贫后仍有极少数农户可能因家庭遭遇重大变故、重大疾病、重大自然灾害等原因重返贫困状态，为减少这种现象的发生，乡党委、政府经过深入调研，并与相关商业保险公司沟通对接，出台了"乡村振兴保"防返贫有效举措。

优化筹资渠道，解决"钱从哪来"问题。本着不加重群众负担原则，在乡村两级财力可承受的幅度内优化经费筹集渠道，尽最大可能争取社会力量资助，确保可持续投保。2021年，每人9元投保保费采取了三方面渠道解决：其中2.5元由乡财政支付，2元由各村（社区）筹措，另外4.5元人保财险公司以赞助的方式予以解决。未向群众收取一分钱保费，让全乡干部群众享受了一份免费的保险保障。

全员覆盖参保，解决"为谁投保"问题。为保障全乡干部群众均能享受到"乡村振兴保"，乡里组织各村（社区）认真对照户籍，逐一摸清辖区范围内居民情况，并将所有居民的姓名、身份证号码以花名册形式发至乡里汇总。乡里依据公安部门提供的户籍信息再次进行比对，发现疑点返村（社区）核准。确认无误后，统一向人保财险公司投保。同时，投保对象还延伸到驻村第一书记、工作队员以及全体乡村干部，给他们一份保障，让他们能更放手地推进乡村振兴工作。

精准设置保障范围，解决"保什么险"问题。大坑乡地处山区，容易发生地质滑坡、山洪、干旱等自然灾害，容易发生危房倒塌，容易受到野生动物侵害，等等，给当地群众人身和财产安全带来较大威胁。针对这些实际情况，"乡村振兴保"精准设置了乡村干部责任救助、火灾爆炸救助、拥挤踩踏救助、见义勇为救助、自然灾害救助、传染病救助、道路交通事故救助、危房倒塌救助、野生动物伤害救助、重大恶性案件伤害救助等10项保险保障。

规范应答机制，解决"险怎么赔"问题。一是组建工作专班。乡里成立"乡村振兴保"协调工作办公室，由分管巩固脱贫攻坚成果与乡村振兴衔接工作的党委副书记兼任办公室主任，落实专门工作人员负责"乡村振兴保"投保、险情收集、理赔资料收集和申报等对接工作，把该群众办的事交由干部来办。二是加大宣传力度。采取印发宣传单、制作微信微文、抖音小视频等多种方式，将"乡村振兴保"的保障范围和理赔条件、理赔程序等宣传到每一户农户，做到家喻户晓。三是完善会商机制。结合巩固拓展脱贫攻坚成果全面排查整改和结对帮扶走访工作，建立每月一次的"乡村振兴保"理赔会商机制。由帮扶干部排查结对帮扶对象是否存在出险情况，每月一汇报。驻村党建扶贫指导员组织村（社区）干部排查辖区群众是否存在出险情况，每月一梳理。乡"乡村振兴保"协调工作办公室每月一汇总，及时向保险公司报案，确保出险群众能第一时间获得赔偿给付。

四　防返贫动态监测与帮扶的困难与挑战

尽管中央层面形成了有关防返贫动态监测与帮扶的政策设计，为各地提供了明确的指导意见，但是由于现实情境中在农户的脆弱性层面、可持续生计能力层面以及农户的主体性层面存在许多短时间难以克服的困难，使得各地在探索地方性的模式与机制的过程中面临许多挑战，这些困难与挑战正是今后一段时间各地需要密切关注和积极应对的关键点。

（一）农户的脆弱性层面

从中央层面来看，《中央农村工作领导小组关于健全防止返贫动态监测和帮扶机制的指导意见》已经从自然风险、社会经济风险、政策落实风险等层面关注到了各类风险对农户脆弱性的挑战，而且从防返贫动态监测对象的类别上，相比较脱贫攻坚阶段，新增了因病因灾因意外事故等刚性支出较大或收入大幅缩减导致基本生活出现严重困难户，即突发严重困难户，这也一定程度上提高了对农户在面临各类风险挑战时表现出的脆弱性的关注与重视。从地方有关防返贫动态监测与帮扶机制的探索来看，各地都不同程度地重视了这一问题。一方面，从预警的角度，各地在构建防返贫动态监测与帮扶机制时较大程度地提高了对各类风险的监测识别能力，如山东济宁市通过定期将监测对象信息与民政、教育、医保、卫健、公安、残联等行业部门数据比对，及时发现医疗大额支出、突发事故、重大变故等，及时预警干预，通过与公安、人社、自然资源、市场监管、农机等部门进行数据比对，对风险户家庭财产、赡养抚养人情况进行评估，综合研判返贫致贫风险等级，极大程度提升了防返贫发现预警机制对各类风险的灵敏度。另一方面，从帮扶的角度，各地不同程度地探索了各种应对风险的举措，如江西遂川县大坑乡与相关商业保险公司沟通对接，出台了"乡村振兴保"防返贫举措，直接有效地回应了农户可能因家庭遭遇重大变故、重大疾病、重大自然灾害等风险重返贫困状态的问题。

但是，这些机制和举措仍然面临一定的困难和挑战。一方面，防返贫发现预警机制仍然面对风险变动性和不同类型风险的差异性的挑战，这两个变量的存在，较大程度上影响了防返贫发现预警机制的灵敏度。另一方面，各地初步探索的各种应对风险的举措的应变能力和持续性仍然存在挑战。例如，江西遂川县大坑乡出台的"乡村振兴保"规定了十类风险，但是面对未来出现的新风险，如何有效面对，仍然需要进一步思考；而且，在投保资金来源的持续性上，尚未形成稳定的保证，这些也需要进一步实践探索。

（二）农户的可持续生计能力层面

关于防返贫动态监测的范围，《中央农村工作领导小组关于健全防止返贫动态监测和帮扶机制的指导意见》指出，各省（自治区、直辖市）综合本区域物价指数变化、农村居民人均可支配收入增幅和农村低保标准等因素来确定，这意味着中央层面充分认识到了不同区域存在社会经济层面的差异性，在界定农户可持续生计能力时，应参考不同的指标。因此，科学地界定这一指标，使其能够在农户可持续生计能力层面进行更有效度的测量，有利于各地更恰当地标定防返贫动态监测的范围，这也是各地在新的阶段需要认真研究的议题和需要及时回应的挑战。

在当前各地的实践中，有些地方延续了脱贫攻坚阶段"定性＋定量"的基本原则来对防返贫动态监测对象进行界定。如江西贵溪市通过"五看"工作法来进行筛查：一看收入，二看大额刚性支出，三看住房和饮水，四看今后一年大额刚性支出，五看今后一年家庭自主创收稳定性。有些地方则针对特定帮扶举措对帮扶对象的覆盖面进行了较大程度的扩展，如江西遂川县大坑乡在出台"乡村振兴保"时将辖区范围内所有居民进行了全覆盖，而且还将投保对象延伸到驻村第一书记、工作队员以及全体乡村干部。基于对可持续生计能力评估基础上的防返贫动态监测，仍需要进一步完善，如何更科学有效地形成农户可持续生计能力的测量指标，并进而更有效率和有效果地形成精准性的举措，防止陷入福利陷阱，将成为各地需要持续探索的问题。

（三）农户的主体性层面

关于防返贫动态监测的方式和程序，《中央农村工作领导小组关于健全防止返贫动态监测和帮扶机制的指导意见》提出农户自主申报作为主要方式之一，而且在防返贫动态监测程序上强调要民主公开，在防返贫动态监测对象的主要帮扶政策中也提出，对内生动力不足的，持续扶志扶智，激发内生动力，增强发展能力。这充分说明了防返贫动态监测与帮扶中中央层面对农民主体性的重视。只有充分调动起农民主体性，才能使政府出台的各项举措达到事半功倍的效果。脱贫攻坚阶段，由于时间紧、任务重，而且从中央到地方对贫困地区和贫困人口投入了大量的资源，使得贫困地区和贫困人口在主体性发挥上的空间受到了挤压。如何进一步充分调动农户的主体性并发挥其效能，仍然是巩固拓展脱贫攻坚成果过程中甚至是更长一段时期内需要探索的难题。

当前在构建防返贫动态监测与帮扶机制过程中，主要从进一步提升政府治理能力的层面来开展探索。在已有的探索中，网格化和数字化的防返贫动态监测机制构建成为两个突出的特点。一方面，通过完善网格体系，落实网格责任，进一步通过网格覆盖农户，这是一种将政府治理不断向下延伸的方式，一定程度上进一步完善了基层治理体系，提升了治理能力，如甘肃东乡沿用攻坚期内的村长、社长、联户长"三长"责任制，全覆盖包抓所有农户，以网格化、人盯人的方式开展日常监测、动态管理、跟进帮扶等工作，及时发现和解决存在的风险隐患。另一方面，通过进一步收集数据，充分挖掘和运用数字信息，形成数字化的治理方式，这是政府进行数字化治理的一种表现，如陕西汉阴县通过采集全县所有农户家庭信息、收入、教育、医疗、住房、产业、就业等72项指标80余万条信息录入系统，集成建立全量化数据中心，形成数字赋能防返贫机制，充分发挥了数字化防返贫动态监测机制的作用。但是，在新的发展阶段，如何在重视政府能力建设基础上进一步提升农民主体性发挥作用的空间，仍然需要进一步探索。

五　讨论与建议

（一）小结与讨论

基于对防返贫动态监测与帮扶的背景与形势、中央层面的政策设计、地方层面的创新实践，以及面临的困难与挑战的分析，可以得出如下几方面的认识。

第一，脱贫攻坚取得胜利之后巩固拓展脱贫攻坚成果面临诸多新形势、新挑战，亟须及时建立和完善防止返贫动态监测和帮扶机制，这是在新的发展阶段进一步优化贫困治理体系的重要环节。但由于当前建立和完善防止返贫动态监测和帮扶机制还处在起步阶段，各地亟须在《关于健全防止返贫动态监测和帮扶机制的指导意见》基础上，结合自身实际进行积极有效的探索与实践。

第二，中央层面主要针对防返贫动态监测的对象和范围、方式和程序、主要帮扶政策、组织保障等层面进行了顶层设计，在吸收脱贫攻坚阶段《关于建立防止返贫监测和帮扶机制的指导意见》的基础上，结合"十四五"时期的新情况、新特点、新目标，作了重要的完善，在健全防止返贫动态监测和帮扶机制方面形成了更符合时代特点的指导意见。该指导意见在为防止返贫动态监测和帮扶机制的形成奠定基础的同时，又为各地方进行切合地方实际的创新探索留足了空间。

第三，各地围绕构建系统性防返贫监测帮扶模式、构建立体式防返贫发现预警机制、构建多元化防返贫帮扶体系和机制等方面开展了丰富的创新实践，形成了能够为其他地方提供参考的典型案例，为其他地方更好地健全防止返贫动态监测和帮扶机制积累了经验、指引了方向，但由于当前处在起步阶段，典型的案例仍然不多，仍需要各地开展更为丰富的创新实践。

第四，基于农户的脆弱性、可持续生计能力以及主体性的三个分析维度，防返贫动态监测与帮扶的构建与完善仍然面临一定的困难与挑战。风险的差异性以及风险变动性特征挑战着既有防返贫发现预警机制的灵敏度，也挑战着各地应对风险的既有举措；不同区域存在社会经济层面的差异性，在界定农户可持续生计能力时，如何科学有效地确定指标体系，成为恰当地标定防返贫动态监测范围以及进一步完善防返贫动态监测与帮扶机制的关键；新发展阶段，在重视政府能力建设基础上进一步提升农民主体性发挥作用的空间，将成为构建防返贫动态监测与帮扶机制中需要进一步探索的难题。

（二）对策与建议

第一，进一步提升防返贫动态监测与帮扶机制的灵敏度和有效性。首先，要进一步加强对影响脱贫不稳定户、边缘易致贫户、突发严重困难户的各种风险进行分层分类的研究，对于自然风险、社会经济风险、政策落实风险以及各种复杂因素造成的综合风险等不同的类型要形成进一步的认识；其次，要在分层分类的基础上，对应不同类型的风险形成不同的监测手段，提升防返贫动态监测机制的灵敏度，同时针对风险类型的差异形成专门性的帮扶举措，提升帮扶举措的精准性和有效性。

第二，进一步形成符合各地实际的界定防返贫动态监测范围的指标体系。采取何种指标体系取决于区域差异，当前对于防返贫动态监测范围的界定，既有以定性为主的指标，也有以定量为主的指标，同时有定性与定量相结合的指标，这既与当地经济发展水平有关，也与当地的文化社会特点有关，各地要尽快明确相关指标，以为帮扶工作的顺利开展奠定基础。同时相关举措也要更加重视脱贫不稳定户、边缘易致贫户、突发严重困难户可持续生计能力的提升，在防返贫目标达成的基础上为农户的发展提供更好的前提条件。

第三，在构建防返贫动态监测与帮扶机制中进一步提升农民主体性发挥作用的空间。当前乡村社会正在形成与以往不同的新特征，农民主体也在发生着与以往不同的新变化，因此，重新讨论农民主体性的作用，进一步推进基层民主协商，进一步释放农民的积极性等议题，也需要进行新的探讨。总体而言，应该在重视政府能力建设基础上进一步提升农民主体性发挥作用的空间，这也是走向生活富裕的过程中农民能够更好地自我实现的必然要求。

第二章 巩固"三保障"成果和饮水安全

进入新发展阶段，巩固"三保障"成果和饮水安全是增进人民福祉和促进人民幸福感、安全感和获得感的重要途径。因此，在全面打赢脱贫攻坚战进入小康社会的基础上，进一步巩固"三保障"成果和饮水安全是符合现实逻辑的迫切需要，我们要充分认识到实现巩固拓展脱贫攻坚成果同乡村振兴有效衔接的重要性、紧迫性，持续巩固"三保障"成果和饮水安全，让脱贫群众过上更加美好的生活。本章将通过对巩固"三保障"成果和饮水安全背景形势的介绍和相关政策的解读，继而运用四个典型案例来阐述巩固"三保障"成果和饮水安全所取得的一些成效，同时针对巩固"三保障"成果和饮水安全中存在的困难和挑战，提出一些对策与建议。

一 背景和形势

党的十八大以来，以习近平同志为核心的党中央把脱贫攻坚摆在治国理政的突出位置，作为实现第一个百年奋斗目标的重点任务，纳入"五位一体"总体布局和"四个全面"战略布局，作出一系列重大部署和安排，全面打响了脱贫攻坚战。[1] 在全党和全国各族人民的共同努力下，困扰中华民族几千年的绝对贫困问题已历史性地得到解决，脱贫攻坚的成果举世瞩目。到 2020 年底，我国现行标准下农村贫困人口

---

[1] 《中共中央 国务院关于实现巩固拓展脱贫攻坚成果同乡村振兴有效衔接的意见》，《人民日报》2021 年 3 月 23 日，第 1 版。

全部实现脱贫，贫困县全部摘帽，区域性贫困得到解决。农村贫困人口在"两不愁三保障"以及饮水安全方面取得了突破性的进展，"两不愁"质量水平明显提升，"三保障"突出问题彻底消除，饮水安全得到切实保障。贫困人口收入水平大幅度提高，自主脱贫能力稳步提升，贫困地区的生产生活条件得到了明显的改善，经济社会发展明显加快。

脱贫摘帽不是终点，而是新生活、新奋斗的起点。在打赢脱贫攻坚战全面建成小康社会以后，要在巩固拓展脱贫攻坚成果的基础上，做好乡村振兴这篇大文章，持续推进脱贫地区发展和群众生活的改善，这关系到全面建设社会主义现代化国家全局和实现第二个百年奋斗目标。因此，我们要充分认识到实现巩固拓展脱贫攻坚成果同乡村振兴有效衔接的重要性、紧迫性，持续巩固"三保障"成果和饮水安全，让脱贫群众过上更加美好的生活，朝着逐步实现全体人民共同富裕的目标继续前进，彰显党的根本宗旨和我国社会主义制度优势。[1]

在全面进入小康社会之后，进一步巩固农村"三保障"成果和饮水安全尤为重要。第一，实行义务教育是提升国民素质的基础，实现社会公平的起点。确保义务教育年龄阶段的青少年接受义务教育，对于提升我国的文化水平有着关键的作用。因此，在脱贫攻坚完成之后，需要进一步巩固义务教育的实施。第二，在基本医疗方面，在脱贫攻坚完成以后，贫困户如果在基本医疗方面得不到应有的保障，就容易出现返贫的状况，因此，基本医疗保障十分重要。第三，住房是农民实现"安居"和"乐业"的基础性条件，它在农民的生产生活和农村经济社会发展中占有举足轻重的地位。[2] 因此，帮助农村困难群众解决"住有所居"的问题，就成为契合现实需要的必然选择。第

---

① 《中共中央　国务院关于实现巩固拓展脱贫攻坚成果同乡村振兴有效衔接的意见》，《人民日报》2021 年 3 月 23 日，第 1 版。

② 刘李峰、冯新刚、胡建坤：《解决农村困难群众住房安全问题的对策研究》，《小城镇建设》2009 年第 2 期，第 82—85 页。

四，在新时代发展背景下，水资源作为人们赖以生存的基础条件之一，其质量安全状况不仅直接关系到广大人民群众的健康，而且关系到人民群众的生活和生产等切身利益。根据世界卫生组织的资料，在发展中国家，80%的疾病是由不安全的水和恶劣的卫生条件造成的。所以要减少疾病、提高群众生活质量，最有效的措施就是创建完善的农村安全饮水健康管理体系，让所有人得到安全的饮用水。

综上所述，巩固"三保障"成果和饮水安全是改善民生、增进人民福祉的重要内容，进一步巩固"三保障"成果和饮水安全具有重大现实意义。

巩固农村"三保障"成果和饮水安全具有必要性。现阶段，我国进入巩固拓展脱贫成果同乡村振兴有效衔接的时期，做好巩固拓展脱贫攻坚成果同乡村振兴有效衔接，关系到构建以国内大循环为主体、国内国际双循环相互促进的新发展格局，关系到全面建设社会主义现代化国家全局和实现第二个百年奋斗目标。决战脱贫攻坚目标任务已经胜利完成，我们要进一步巩固拓展脱贫攻坚成果，全面推进乡村振兴，朝着全面建设社会主义现代化国家、实现第二个百年奋斗目标迈进。[①] 目前，虽然"三保障"和饮水安全目标已经基本完成，但是仍旧存在不少的薄弱环节。

在义务教育方面，近年来，党中央出台了许多有关义务教育有保障的相关文件，农村义务教育投入逐渐加大，学校基础条件和设施有了显著的改善，但是农村学校的教育质量还存在很大的问题，"控辍保学"的难度依旧很大，农村义务教育保障面临较大的挑战。在基本医疗上，因病致贫、因病返贫始终是脱贫农户的一道障碍，农村基础医疗设施和服务能力也亟待提升。在住房安全上，部分人民群众的住房还存在较大的安全隐患和质量问题，房屋配套设施不全、居住环境差等情况时有发

---

① 《中共中央　国务院关于实现巩固拓展脱贫攻坚成果同乡村振兴有效衔接的意见》，《人民日报》2021年3月23日，第1版。

生。在饮水安全上,一些农村的供水设施基础条件仍旧薄弱,有些地区农村供水保障只能满足现行标准下的农村饮水安全要求。按照国家"十四五"期间农村供水保障要达到"规模化、市场化、水源地表化、城乡一体化"发展要求,还有较大的差距。

由此可见,在全面建成小康社会的今天,仍然存在义务教育问题、基本医疗保障问题、住房安全问题和饮水安全问题。这些问题的存在会进一步阻碍中国社会的发展和人民生活水平的提升。因此,进一步巩固"三保障"成果和饮水安全是符合逻辑和现实的迫切需要。政府应进一步巩固"三保障"成果和饮水安全,减少相对贫困,使相对贫困人口在满足温饱的基础上生活得更加有尊严。

二 巩固"三保障"成果和饮水安全的政策设计

(一)义务教育:巩固拓展义务教育有保障成果,健全经济困难学生教育帮扶机制

"义务教育有保障"是一个系统工程,在教育扶贫工作中起到了关键作用。随着义务教育均衡发展目标的不断推进,"义务教育有保障"的水平和质量也将不断提升,成为促进和保障贫困欠发达地区教育和经济社会发展的重要条件。在义务教育方面,最显著的成就是贫困家庭学生辍学问题得到了解决,实现了动态清零,贫困学生实现应助尽助,为阻断贫困的代际传递奠定了基础。但是我们仍需进一步认识到义务教育中存在的薄弱环节,并做出相应的举措解决其存在的问题。有很多地区仍然存在教育基础设施落后、适龄学生辍学、教育水平和质量不高等现象。因此,巩固拓展义务教育控辍保学成果和提升教育水平是当前的重中之重。

2020年6月19日,教育部等十部门颁布的《关于进一步加强控辍保学工作 健全义务教育有保障长效机制的若干意见》明确提出要

从四个方面建立健全义务教育有保障的长效机制：第一，要切实解决因学习困难而辍学的问题。加大对学习有困难学生的帮扶力度，特别是做好农村留守儿童的心理辅导和教育关爱，坚决防止因学习困难而辍学。第二，要切实解决因外出打工而辍学问题。要及时调查发现外出打工的未满十六周岁辍学学生，使其重新回到校园复学。第三，要切实解决因早婚早育而辍学问题。各地应从实际出发，积极做好因早婚早育而辍学适龄儿童少年的劝返复学工作，保障接受义务教育。第四，要切实解决因信教而辍学问题。国家实行教育与宗教相分离，要严禁利用宗教妨碍国家教育制度的实施，坚决防止适龄儿童少年因信教而辍学。①

2021年7月16日，教育部等四部门颁布《关于实现巩固拓展教育脱贫攻坚成果同乡村振兴有效衔接的意见》，进一步明确了四大任务。第一，建立健全巩固拓展义务教育有保障成果长效机制。巩固拓展义务教育控辍保学成果，义务教育办学条件成果，教育信息化成果，乡村教师队伍建设成果。第二，建立健全农村家庭经济困难学生教育帮扶机制。精准资助农村家庭经济困难学生，继续实施农村义务教育学生营养改善计划，完善农村儿童教育关爱工作，加强农村家庭经济困难毕业生就业帮扶工作。第三，做好巩固拓展教育脱贫攻坚成果同乡村振兴有效衔接重点工作。加大脱贫地区职业教育支持力度，提高普惠性学前教育和普通高中质量，继续实施重点高校招收农村和脱贫地区学生专项计划，实施国家通用语言文字普及提升工程和推普助力乡村振兴计划，打造升级版的"一村一名大学生计划"，推进乡村振兴育人工作。第四，延续完善巩固拓展脱贫攻坚成果与乡村振兴有效衔接的对口帮扶工作机制。继续推进高校定点帮扶工作，优化实施职业教育东西协作行动计

---

① 《教育部等十部门关于进一步加强控辍保学工作 健全义务教育有保障长效机制的若干意见》，国家乡村振兴局网站，2020年6月30日，http：//www.cpad.gov.cn/art/2020/6/30/art_46_181966.html。

划，持续推进高校对口支援工作，继续实施系列教师支教计划。①

2021 年 7 月 7 日，为了进一步提高农村教育质量，持续巩固拓展脱贫攻坚成果，教育部办公厅、财政部办公厅发布《关于做好 2021 年"三区"人才支持计划教师专项计划有关实施工作的通知》，明确提出要针对脱贫地区、国家乡村振兴重点帮扶县、原"三区三州"等深度贫困地区开展人才支持计划，对教师的选派数量、选派要求、选派形式和选派范围进行了明确规定，并对政策保障和经费保障提出了明确的要求。② 这些文件的颁布为进一步巩固义务教育有保障提供了行动指南。

（二）基本医疗：巩固拓展医疗保障脱贫攻坚成果，完善脱贫人口待遇保障政策

在脱贫攻坚期，健康扶贫基本实现了农村贫困人口基本医疗有保障的目标，为健康乡村的发展奠定了良好的基础。但是城乡医疗卫生建设仍然存在发展不平衡不充分的问题，巩固好、稳定好脱贫地区基本医疗有保障成果、稳步提升乡村医疗卫生建设水平是一项长期且艰巨的任务，需要在健康扶贫的基础上，补短板、强弱项，为全面实施乡村振兴战略提供更加坚实的健康保障。

《关于巩固拓展健康扶贫成果同乡村振兴有效衔接的实施意见》（国卫扶贫发〔2021〕6 号）明确提出了巩固基本医疗有保障成果，推进同乡村振兴有效衔接的主要思路、目标和措施，并对组织实施提出了要求。《关于巩固拓展健康扶贫成果同乡村振兴有效衔接的实施意见》主张优化疾病分类救治措施，持续做好脱贫人口家庭医生签约服务，结

---

① 《教育部等四部门关于实现巩固拓展教育脱贫攻坚成果同乡村振兴有效衔接的意见》，国家乡村振兴局网站，2021 年 7 月 16 日，http://www.cpad.gov.cn/art/2021/7/16/art_1461_190871.html。

② 《关于做好 2021 年"三区"人才支持计划教师专项计划有关实施工作的通知》，国家乡村振兴局网站，2021 年 7 月 7 日，http://www.cpad.gov.cn/art/2021/7/7/art_46_190734.html。

合脱贫地区实际，逐步扩大签约服务重点人群范围；主张对脱贫人口和边缘易致贫人口大病、重病救治情况进行监测，建立健全因病返贫致贫风险人群监测预警和精准帮扶机制，做好救治、康复等健康服务。① 随文件下发的《"十四五"期末巩固拓展健康扶贫成果主要指标》进一步明确了考核目标。

党的十八大以来，党中央十分重视医疗保障，作出系列战略部署，贫困人口"基本医疗有保障"做到了应保尽保，医疗保障脱贫攻坚取得了决定性成就。在现阶段，仍需要进一步巩固医疗保障成果，来进一步推动乡村振兴的发展。尤其对于农村低收入人口来说，政府相关部门应该做到应保尽保，将所有特困人员、低保对象、返贫致贫人口动态纳入基本医疗保险覆盖范围。2021年4月25日发布《关于巩固拓展医疗保障脱贫攻坚成果有效衔接乡村振兴战略的实施意见》，在总结运用医保脱贫攻坚实践经验的基础上，细化政策接续衔接要求，优化调整完善相关配套措施，有针对性解决保障不足和过度保障问题，探索建立防范化解因病返贫致贫长效机制，确保医保脱贫成果更加稳固，成效更可持续。《关于巩固拓展医疗保障脱贫攻坚成果有效衔接乡村振兴战略的实施意见》聚焦巩固医保脱贫攻坚成果，从调整医疗救助资助参保人员范围和标准、延续完善大病保险和医疗救助倾斜保障政策、坚决治理过度保障等方面细化了政策措施。一是优化资助参保政策。将原有的全员定额资助贫困人口参保政策调整为对特困人员、低保对象、返贫致贫人口以及脱贫不稳定且纳入农村低收入人口监测范围的人口实施分类资助。稳定脱贫人口转为按规定享受居民医保参保普惠性财政补贴。二是分类调整大病倾斜和救助托底政策。过渡期继续实施大病保险对特困人员、低保对象和返贫致贫人口的倾斜支付，符合医疗救助条件的进一步夯实救助托底保障。三是坚决治理过度保障政策。严禁超越发展阶段、

---

① 《关于巩固拓展健康扶贫成果同乡村振兴有效衔接的实施意见》，国家乡村振兴局网站，2021年7月27日，http://www.cpad.gov.cn/art/2021/7/27/art_46_191024.html。

超出承受能力设定待遇保障标准,确保制度可持续。[①]《关于巩固拓展医疗保障脱贫攻坚成果有效衔接乡村振兴战略的实施意见》聚焦全面助力乡村振兴,在统筹强化三重制度综合保障的基础上,增设了防范化解因病返贫致贫长效机制,合力防范返贫致贫风险。

(三)住房安全:完善危房改造政策,建立住房安全有保障长效机制

脱贫攻坚以来,我国农民住房建设取得了令人瞩目的成就,危房改造成效显著,贫困人口住房安全有保障目标任务全面完成。但是在总体状况显著改善的同时,仍有部分农村群众存在住房简陋、安全水平低、居住舒适度差等问题。因此,建立健全农村低收入群体住房安全保障长效机制仍是当下住房安全保障的重要任务。

2021年4月14日,住房城乡建设部、财政部、民政部、国家乡村振兴局联合发布《关于做好农村低收入群体等重点对象住房安全保障工作的实施意见》,对住房安全的保障原则、重点保障对象以及具体保障措施进行了阐述。在保障原则上,按照"安全为本、因地制宜、农户主体、提升质量"的原则,实施农村危房改造,统筹提升农房居住功能和建筑风貌,接续推进乡村全面振兴。在保障对象上,《关于做好农村低收入群体等重点对象住房安全保障工作的实施意见》指出农村住房安全保障对象主要是农村低收入群体,同时明确农户自筹资金为主、政府予以适当补助方式实施农村危房改造是农村低收入群体等重点对象住房安全保障的主要方式。具体实施举措包括:第一,健全动态监测机制。实行销号制度,解决一户,销号一户,确保所有保障对象住房安全。第二,加强质量安全管理。各地要加强乡村建设工匠等技术力量培训,加强施工现场巡查与指导监督,确保改造后的房屋符合安全要

---

① 《关于巩固拓展医疗保障脱贫攻坚成果有效衔接乡村振兴战略的实施意见》,国家乡村振兴局网站,2021年4月25日,http://www.cpad.gov.cn/art/2021/4/25/art_624_188558.html。

求。第三，提升农房建设品质。确保房屋基本安全的前提下，提升农房建设品质，完善农房使用功能，改善农村住房条件和居住环境。[①]

近年来，我国大力实施农村危房改造，农村住房条件和居住环境明显改善。但是农村住房的设计建造水平亟待提高，村庄建设仍然存在较多短板，因此要完善农房功能，提高农房品质，改善农民生产生活条件。2021年6月22日，住房城乡建设部、农业农村部、国家乡村振兴局三部门联合下发《关于加快农房和村庄建设现代化的指导意见》，从12个方面提出了加快农房和村庄建设现代化的政策措施，指出要加快推进农房和村庄建设现代化、提高农房品质、提升乡村建设水平。要提升农房设计建造水平，农房建设要先精心设计，后按图建造，精心调配空间布局，满足生产工具存放及其他需求。鼓励就地取材，利用乡土材料，推广使用绿色建材。鼓励选用装配式钢结构等安全可靠的新型建造方式[②]。

（四）饮水安全：巩固维护农村供水工程成果，开展农村饮水安全动态监测

2021年5月10日，为全面落实党中央、国务院对巩固脱贫攻坚成果同乡村振兴有效衔接的决策部署，防止出现区域规模性停水断水或者严重水质超标问题，《水利部办公厅关于加强农村饮水安全动态监测工作的通知》明确提出：第一，要把巩固脱贫攻坚农村供水成果作为水利部门一项重要的政治任务，细化实化工作举措，及时解决群众"急难愁盼"问题，守住农村饮水安全底线，不断提升农村供水保障水平。第二，开展动态排查监测。围绕脱贫地区、供水薄弱地区、脱贫人口和供水易反复人群，进行全面排查和常态化监测。要依靠乡镇人民政府、

---

① 《关于做好农村低收入群体等重点对象住房安全保障工作的实施意见》，国家乡村振兴局网站，2021年4月14日，http://www.cpad.gov.cn/art/2021/4/14/art_2358_191402.html。

② 《关于加快农房和村庄建设现代化的指导意见》，国家乡村振兴局网站，2021年6月22日，http://www.cpad.gov.cn/art/2021/6/22art_2358_191412.html。

村组干部、管水员等广大基层一线人员的力量,织密织牢监测排查网络,对供水条件差的地区和农村人口开展动态监测,反复排查,立查立改。[①] 水是生命之源,获得安全饮水是人类的基本需求和基本人权。饮水安全直接关系到人民群众的身体健康,因此,对于长期以来基础薄弱、投入较少、管理欠规范的农村饮用水水源地更应该落实相关政策,开展系统的诊断,明确存在的饮水安全问题并进行合理整治。

饮水安全设施建立以后,要进行定期管护,建立饮水设施良性运行管理机制,这样才能持续保障农村饮水安全。早在 2015 年 7 月 27 日,水利部就颁布了《关于进一步加强农村饮水安全工程运行管护工作的指导意见》,明确指出要建立健全协调工作机制,制定农村饮用水水源保护管理办法,分类推进水源保护区或保护范围划定工作,全面强化水源保护,保障水源安全。[②] 农村饮水安全工程是农村重要的公益性基础设施,对于改善农村居民生活条件、促进农村经济发展、推进城乡一体化具有重要意义。巩固农村饮水安全有保障的顶层设计在一定程度上为下一步的工作任务和重点指明了方向。

三 巩固"三保障"成果和饮水安全的典型案例

本部分选取湖南郴州市、河南信阳市、安徽舒城县和重庆城口县作为典型案例,一方面是因为它们大都属于脱贫地区,巩固拓展脱贫攻坚任务仍旧迫切,另一方面是因为这四个地区分别在义务教育有保障、基本医疗有保障、住房安全有保障和饮水安全有保障方面采取了有效举措并取得了显著成效,实现了区域内的经济发展,改善了民生,增进了人

---

① 《水利部办公厅关于加强农村饮水安全动态监测工作的通知》,中华人民共和国水利部网站,2021 年 5 月 10 日,http://www.mwr.gov.cn/zw/zdhyxx/202105/t20210510_1517691.html。

② 《水利部关于进一步加强农村饮水安全工程运行管护工作的指导意见》,中华人民共和国水利部网站,2015 年 7 月 30 日,http://www.mwr.gov.cn/zwgk/gknr/201511/t20151106_1441431.html。

民福祉。

（一）湖南郴州市：实现乡村教育"三个拓展"，全面助力乡村振兴

郴州市位于湖南省东南部，东接江西赣江，南邻广东韶关，西接湖南永州，北接湖南衡阳、株洲，素称湖南的"南大门"，总面积 1.94 万平方公里，2020 年末全市常住人口 466.7 万人。党的十八大以来，郴州市教育事业全面改革，大力实施办学条件改善工程，统筹推进城乡义务教育的均衡发展，让城乡孩子共享教育发展的成果，全市 11 个县全部通过国家义务教育发展基本均衡县评估认定，完成"两项督导评估考核"，义务教育工作得到省委省政府的高度肯定。脱贫攻坚以来，湖南省郴州市大力推进教育精准扶贫，每年投入约 4 亿元用于改善乡村学校办学条件，每年培养 600 多名公费定向师范生补充农村师资，累计发放资助资金 13 亿余元，共资助困难学生 110 余万人次，确保无一人因贫辍学，九年义务教育巩固率超过 99%，全面完成了"义务教育有保障"的目标和任务。①

郴州市委市政府、市教育局十分重视教育发展问题，成立了郴州市委教育工作领导小组等机构，针对教育问题开展调查和走访，强力推进教育优先发展。2017 年，郴州市出台了《关于统筹推进县域内城乡义务教育一体化改革发展的实施意见》，明确提出要保障适龄少年儿童就近入学，统筹城乡教育资源配置，整体提升义务教育办学条件和教育质量的工作目标。在工作措施上，明确指出要从学校设置、城乡师资配置、特殊群体教育、教育治理体系和教育教学改革五个方面共同发力，来实现教育均衡发展。《关于统筹推进县域内城乡义务教育一体化改革发展的实施意见》强调要完善控辍保学部门协调机制，确保义务教育

---

① 《湖南郴州：实现乡村教育"四个拓展"，夯实乡村振兴基础》，国家乡村振兴局网站，2021 年 7 月 21 日，http://www.cpad.gov.cn/art/2021/7/21art_4317_190959.html。

阶段适龄儿童按时入学接受并完成义务教育。[①] 义务教育政策文件的制定和施行是确保义务教育有保障的强有力的手段,为下一步的工作任务指明了方向。

乡村振兴,教育是基础,人才是关键,产业是依托。振兴乡村,必然要先振兴乡村教育。要想发挥好教育在乡村振兴过程中的基础性作用,就要坚持问题导向,从拓展乡村教育的对象、内容、方式等方面着手,进行强弱项、补短板,进而全面提高乡村义务教育的质量和水平。[②] 郴州在教育方面十分注重发挥优质学校的示范带动作用,开展了校校结对帮扶,相互借鉴和学习教育教学经验和方法,推动了农村地区教育教学水平的提升,推动了农村义务教育从"有学上"向"上好学"的转变。同时,郴州市在乡村义务教育方面实行了"三个拓展",夯实了乡村振兴的基础。

第一,乡村义务教育从助学向助教拓展。乡村硬件设施已经得到了显著的改善,但是软件设施亟待改善,最主要的就是教师资源配置要跟得上。农村的师资问题主要表现在教师数量严重不足和部分教师的教育教学水平尤其是农村教师专业能力相对较弱这两个问题上。为了解决教师总量不足问题,《郴州市教师队伍建设规划》《郴州市乡村教师支持计划》等文件陆续出台,在教师队伍招聘录用、培训学习等方面给予了政策保障,越来越多的年轻优秀教师走向了农村教育岗位,助力农村教育的发展。聚焦于乡村教师结构失衡、招不进、留不住等问题,郴州市也采取了有效措施进行解决。郴州从提高教师待遇入手,积极围绕乡村教师计划,全面落实了农村教师人才津贴,实行义务教育阶段学校的教师年终综合绩效奖励性补贴与当地公务员同等待遇,确保了中小学教师的工资水平不低于当地公务员的工资水平。除此之外,相关单位还采

---

① 《关于统筹推进县域内城乡义务教育一体化改革发展的实施意见》,郴州市人民政府网站,2017 年 11 月 10 日,http://www.czs.gov.cn/html/zwgk/fggw/gfxwj/content_1288422.html。

② 《湖南郴州:实现乡村教育"四个拓展",夯实乡村振兴基础》,国家乡村振兴局网站,2021 年 7 月 21 日,http://www.cpad.gov.cn/art/2021/7/21art_4317_190959.html。

取措施加强了农村教师周转房的建设，改善了农村教师的生活条件，落实了乡镇教师到乡村小学走教、城镇教师到乡镇中小学走教的制度，解决了乡村中小学教师学科结构不合理、教师短缺的问题。同时，还开展了城镇学校和乡村学校一对一帮扶活动，实现了乡村中小学帮扶的全覆盖，城镇中小学为乡村中小学提供教学指导、教学管理、教学模式经验等帮扶，大大提高乡村中小学教育水平。

第二，乡村义务教育从线下向线上拓展。郴州市利用"互联网＋教育"，在全市建构了城乡优质教育资源共享的教学新格局，进一步促进了城乡义务教育的均衡发展。同时，总结疫情期间线上教学的经验，建立全市统一的线上教育教学网站平台，优化全市优质教育资源库，免费提供给全市师生使用，大大拓展了教育服务的途径。

第三，乡村义务教育从扶智向扶心拓展。在扶智方面，市政府落实学生资助政策，加大对家庭经济困难学生的社会救助，全面落实义务教育资助政策，优先将建档立卡的贫困户家庭学生纳入教育资助范围。同时，加强控辍保学机制，加强了对家庭经济困难学生等重点群体的监控，通过保障就近入学、建设乡镇寄宿制学校、增设公共交通线路、提供校车服务等方式，确保了乡村适龄儿童少年不因上学不便而辍学。对农村残疾儿童，做到"一人一案"，切实保障他们平等接受义务教育。除了扶智之外，郴州也十分注重扶心。有关数据显示，目前郴州留守儿童比例达 50% 左右，偏远地区留守儿童的比例更高。留守儿童由于长期缺少父母的陪伴和教育，容易出现孤僻、焦虑等心理问题。农村基础设施比较落后，心理健康方面的专业教师十分缺乏，实现对农村留守儿童的心理健康教育十分困难。在这种情形下，郴州市在抓好教学质量的同时，也高度重视农村孩子的心理健康教育，在所有乡镇中心学校全面建立标准化的心理辅导教室，保证了农村学校心理健康教育有师资、有设施、有资金。

经过长期的不懈努力，郴州市的义务教育有保障得到了全面的发展和稳步的提升。目前，控辍保学成效显著，九年义务教育巩固率超过

99%，帮助了贫困人口子女接受教育，有效阻断了贫困的代际传递，农村学生的学业水平也得到了全面提升，学生综合素质明显增强。全市上下已经形成抓高质量教育发展的良好氛围，呈现均衡、优质、可持续的良好发展态势，涌现出了在全省乃至全国都叫得响的"郴州经验"、城乡义务教育一体化经验等，这是郴州巩固义务教育有保障取得的最直接的成效，也是郴州推动义务教育发展的真实写照。下一个5年，郴州教育发展的路径也逐渐明确，全市教育系统将认真贯彻落实习近平总书记关于教育的重要论述，尤其是在考察调研郴州时做出的重要指示，把总书记的指示要求转化为推动郴州教育高质量发展的强大动力，谱写新时代郴州教育的新篇章。

（二）河南信阳市：健全因病返贫动态监测和帮扶机制，提升基层医疗机构的服务能力

河南省信阳市地处河南省南部、淮河上游，东连安徽省，南通湖北省，是江淮河汉之间的战略要地，也是中国南北地理、气候、文化的过渡带。信阳市下辖2区8县，面积1.89万平方千米，全市总人口915万人，其中常住人口为647.41万人。信阳是华夏文明的发祥地之一，地域文化豫楚交融，商周、春秋、战国之后，楚文化与中原文化在此交汇交融，形成了特色的"豫风楚韵"。"十三五"时期，信阳市以脱贫攻坚统揽经济社会发展全局，坚持精准方略，历史性地消除了绝对贫困和区域性整体贫困。脱贫攻坚的过程中，信阳市的基本医疗保障取得了重大的成效，基层医疗卫生机构能力建设不断加强，基层医疗卫生服务能力不断提升，促进了城乡资源的均衡配置。自打赢脱贫攻坚战、全面建成小康社会以来，信阳市卫生健康委及时转移工作重心，一手抓健康扶贫成果巩固，一手抓乡村医疗卫生健康事业的振兴发展，在落实好现有的健康扶贫政策的同时，积极谋划基层乡村卫生事业的振兴。

在基本医疗保障上，河南省信阳市《关于转发医保发〔2021〕32

号文件做好 2021 年城乡居民基本医疗保障工作的通知》明确提出要加快健全重大疾病医疗保险和救助制度，大病保险继续实施对特困人员、低保对象和返贫致贫人口倾斜支付政策，完善统一规范的医疗救助制度。建立防范化解因病返贫致贫长效机制，做好高额费用负担患者因病返贫致贫风险监测。[①] 信阳市基层政府积极贯彻实施基本医疗保障的相关规定，聚焦基本医疗有保障的目标任务，持续巩固健康扶贫成果。在巩固基本医疗有保障的过程中，信阳市采取的举措主要有以下几个方面。

第一，落实基本医疗政策，确保政策持续实施。按照脱贫攻坚的"四个不摘"的要求，坚持落实好家庭医生签约、家庭困难人口大病救治、"3 + 2 + N"的医疗保障政策，继续实行县域内住院"先诊疗后付费""一站式"结算等便民惠民政策等。截至 2021 年 6 月底，全市建档立卡脱贫人口中，完成家庭医生签约的约有 70 万人，其中慢性病患者签约率达到 100%，贫困人口就医负担重的情况持续改善。

第二，健全因病致贫返贫动态监测和帮扶机制。优化调整脱贫人口医疗救助资助参保政策，对特困人员给予全额资助，对低保对象给予定额资助，对于在监测范围内的脱贫不稳定户也给予一定期限内的定额资助政策。按照《关于建立"一核实三监测五精准"动态监测预警与救助帮扶机制有效防止因病致贫返贫实施意见》要求，积极与市扶贫部门对接，摸清底数。针对信阳市脱贫攻坚期内健康扶贫任务依然繁重的问题，通过精准识别，精准救治，确保患病的边缘易致贫户和脱贫不稳定户及时得到救治，并及时按照相关医疗报销政策来报销医疗费用，减轻他们的医疗负担。

第三，加强项目建设，增强基层医疗机构服务能力。对 2020 年中央和省下达的 5 个国家级贫困县的 10 个乡镇卫生院服务能力建设项目

---

① 《关于转发医保发〔2021〕32 号文件做好 2021 年城乡居民基本医疗保障工作的通知》，信阳市医疗保障局网站，2021 年 7 月 13 日，http：//ybj. xinyang. gov. cn/index. php？c = article&id = 355&cateid = A000300090004。

进行督促指导,增加卫生院床位,扩大卫生院面积,10 个乡镇卫生院的医疗卫生服务能力得到大幅度的提升。床位的使用率达到了 60% 以上,10 个乡镇卫生院服务群众的平均就医成本持续降低。

第四,关爱特殊群体,开展"温情信阳—健康保障"活动。市卫生健康委通过与水滴公益合作,由水滴公益出资 100 万元,建立了为期两年的困难群众大病救治基金,主要对患有尿毒症、白血病、肿瘤等大病的困难群众进行资助,2021 年上半年已经帮助 5 个患有恶性肿瘤的家庭,总共帮扶 15000 元,减轻了家庭困难群体的医疗负担。

在脱贫攻坚战打赢以后,信阳市医疗保障系统在市委市政府的坚强领导和省医保局的正确指导下,牢记习近平总书记的嘱托,聚焦"两个更好"的奋斗目标,以"保基本,可持续"为目标,健全监测和帮扶机制,实现了全市基本医疗保险制度的平稳运行,参保人员受益度稳步提升,医疗保障能力不断增强。信阳市做到了精准分类救治,对贫困患者实施"三个一批"分类救治,大病患者实施专项集中救治,为贫困人口免费提供家庭医生签约服务,实现了应治尽治、应签尽签。稳步巩固了基本医疗有保障的目标,历史性消除了乡村医疗机构和乡村合格医生"空白点",城乡医院实现了结对帮扶的全面覆盖,带动了乡村医疗卫生建设和服务能力水平的整体提升。信阳市构建的"3+2+N"多重医疗保障体系,使得困难群体的医疗负担大大减轻。2020 年,信阳市还大力推进了贫困地区公共卫生和疾病综合防控、健康教育与促进等工作,有效阻断了贫困和疾病的代际传递。市政府积极争取项目、资金,实施基层医疗卫生服务能力提升工程,实现了标准化村卫生室的全覆盖,实现了乡村合格医生覆盖率 100%,县域内就诊率达到 96.56%,基本上实现了"小病不出乡,大病不出县"的目标。信阳市开展的爱国卫生运动,推进了健康教育进入社区,进入学校,进入农户,增强了群众的健康意识,在一定程度上预防了疾病的发生,从源头上控制了因病致贫。

（三）安徽舒城县：实施"一二三"工作法，确保安全住房有保障

舒城县位于安徽省中部，东邻庐江，西连岳西、霍山，南界桐城、潜山，北毗金安、肥西，历来就有"五省要冲，七省通衢，江淮腹地，皖中咽喉"之称。舒城县地势由西南向东北倾斜，总面积2100平方公里，全县常住人口约有70万人。脱贫攻坚以来，安徽舒城县在保障住房安全方面取得了显著的成效，依法有序开展了农村房屋安全隐患的排查整治工作，及时消除了农村房屋存在的安全隐患，建立了常态化的农村房屋建设管理制度，确保了农民"住有所居"基本权利的实现，并为农民家庭提供了生产、生活的双重保障。舒城县做到了"对每所危房都有个交代，对每个贫困户危房都要落实措施"的目标，全力保障了农村住房安全，助推了农民生活质量水平的大幅度提升。

要想巩固住房安全有保障的成果，建立农村低收入群体的住房安全保障的长效机制十分关键。农村低收入群体包括农村易返贫致贫户、农村低保户、农村分散供养特困人员等，极容易在发生疾病等意外事故后返贫，加强对此类人员的住房安全监测和帮扶机制十分必要。2021年，舒城县发布了《舒城县农村低收入群体等重点对象住房安全保障工作实施方案》，提出对符合条件的农村低收入群体实行"应改尽改、一户不丢""发现一户、改造一户"的全覆盖政策，切实推进农村危房改造和农房抗震改造工作。在保障方式上，主要是通过农户自筹资金为主、政府予以适当补助方式实施农村危房改造。积极响应工匠培训，提升房屋建造工艺，并为农户改造后房屋的日常维护与管理提供技术支持。[1] 政策文件的制定和实施加快了巩固住房安全成果的步伐，促进了农民居住条件的不断改善，增强了农村群众的获得

---

[1] 《舒城县农村低收入群体等重点对象住房安全保障工作实施方案》，舒城县人民政府，2021年6月30日，http://www.shucheng.gov.cn/public/6599831/34082146.html。

感、安全感和幸福感。安徽舒城为了巩固住房安全有保障的成果,实施了"一二三"工作法,即"一个精准、两个全覆盖、三种形式",统筹推进了农村危房改造的艰巨任务,持续改善了农村人居环境,实现了全县范围内"零危房"的目标,确保了安全住房有保障。

第一,坚持"一个精准",全面摸排四类重点对象。"一个精准"即精准识别农村的危房改造保障对象,《舒城县农村低收入群体等重点对象住房安全保障工作实施方案》中明确规定了农村住房安全保障对象主要是农村低收入群体,包括农村易返贫致贫户、农村低保户、农村分散供养特困人员,以及因病因灾因意外事故等刚性支出较大或者收入大幅度缩减导致基本生活出现严重困难的家庭等。除此之外,县级领导组织开展全县农村疑似危房排查与房屋危险性评定工作,经评定为 C 级和 D 级危房的重点对象,符合危房改造条件的纳入危房改造计划,采取"五个一批"的方法分类施策。一是纳入危房改造一批。对于居住在一户一宅危房中的危房改造对象,将他们纳入危房改造计划,这是消化危房的主渠道。二是鼓励农户自行翻建修缮一批。对于居住在一户一宅危房中的一般农户,因户施策,责任到人,采取翻建、修缮加固、异地搬迁、租住安全住房等多种形式,确保危房中不住一个人。三是强制拆除一批。对于一户多宅的,长期闲置、无人居住、存在重大安全隐患的危房以及享受危房改造政策支持后的危房,按照政策规定,必须限期拆除,这是消除存量危房的重点和难点。四是挂牌标识一批,对于部分暂时不需拆除或少数一段时间难以拆除的,将设置危险房屋标识牌说明情况。五是开发保护一批。对于农村一些有价值有特色的老旧危房进行开发保护,通过招商引资等多种渠道,大力发展乡村旅游。保护性开发的措施,不仅消除了房屋安全隐患,又留存了建筑遗产,还增加了农民收入,是乡村振兴新的经济增长点。

第二,做到"两个全覆盖",全面实施危房改造。"两个全覆盖"即危改补助资金"两个兜底"全覆盖、疑似危房危险性评定全覆盖。省厅下达的危房改造指标不足的部分由县级财政兜底解决,中央和省级财政下达的危房改造补助资金不足的部分由县级财政兜底解决。① 舒城县住建局还专门组织开展了疑似危房评定的培训会、危房改造施工工匠专题培训会，并且对危房评定人员进行了认知测试。培训完成之后，各个乡镇的危房评定人员对疑似危房逐个评定并上报。考虑到部分家庭相对贫困，投工投料能力偏弱等情形，舒城县在实行"两个兜底"全覆盖的基础上，进一步要求各个乡镇核验工程量和施工标准，统一进行施工，确保施工质量。配合住建部门加强施工现场巡查和指导监督，及时发现问题并整改，指导农户做好竣工验收，确保修建后的房屋安全质量达标。

第三，采取"三种形式"，全面开展危房分类处置。"三种形式"即自修自建、拆除和开发保护三种主要形式，开展危房分类处置的方案。针对房屋结构基本安全但是局部材料出现损坏的，有关部门应该告知并动员住户主动进行修缮和加固，以此来消除隐患。对于经济特别困难无法自行进行修缮的，相关部门应该根据其贫困程度对其进行补贴和资助，帮助其实现住房安全。对于一些无人居住的危房，易地扶贫搬迁后的老旧危房，要进行拆除，消除安全隐患，创造生态宜居环境，在这一过程中，应该与危房农户进行沟通和交流，在征得同意后，组织有资质的专业队伍进行拆除，确保危房拆除工作的安全、有序。针对一些有价值、有特色、富有乡愁的老房子，通过招商引资、村民自营等多种渠道，进行开发保护，大力发展乡村旅游，按照"规划指引、分步实施"的原则，通过设置标识标牌等形式，为民众留住乡愁，留存地域文化特色，为发展乡村旅游创造条件。

在住房保障办和相关部门的领导下，通过动态监测，实施帮扶，舒城县进一步巩固了住房安全有保障，实现了人居零危房的成果。农村危房改造是一项非常重要的民生工程，是脱贫攻坚期"两不愁三保障"

---

① 《安徽舒城："一二三"工作法　安全住房有保障》，国家乡村振兴局网站，2018 年 8 月 22 日，http:∥nrra.gov.cn/art/2018/8/22/art_5_88312.html。

的重要内容，也是目前乡村振兴阶段不可忽视的问题。舒城县通过不懈努力，顺利完成了危房改造的指标，切实改善了农村困难群众的居住条件，对建档立卡贫困户、低保户、农村分散供养特困人员、贫困残疾家庭这四类重点对象进行危房改造扶持，极大地增强了他们奔赴美好生活的决心。

（四）重庆城口县：完善农村供水设施，强化监管，保证饮水质量

城口县地处大巴山南麓腹心，位于长江上游地区、重庆东北部，渝、川、陕三省交界处，属南北分水岭地带，全县东西长96公里，南北宽66公里，辖区面积3289.1平方公里。南与重庆巫溪县、开州区、四川宣汉县毗邻，东北与陕西镇坪县、平利县、紫阳县等接壤，西与四川万源市相连。素有"九山半水半分田"之称。截至2021年5月，全县户籍人口约25.3万人，辖2个街道23个乡镇204个村（社区）。① 在城口县，许多地方的人口居住海拔位于600—2000米，人口居住比较分散。城口县属于典型的喀斯特地貌，北部为汉江流域的仁河水系，南部为嘉陵江流域的前河水系，水资源十分丰富，但是由于特殊的地理环境，存在东西南北、高山河谷水资源分布不均的问题。工程性、水源性、季节性缺水不但是城口历史以来存在的突出问题，也是制约城口社会发展的主要因素之一。饮水安全保障是脱贫攻坚"两不愁三保障"的刚性指标，旱片区、高海拔、分散户存在的缺水问题是城口县最难啃的"硬骨头"，供水设施不完善也是影响居民生活水平的短板。

城口县政府以及水利局等相关部门高度重视全县的饮水安全问题，并及时出台了相关的政策文件。2018年，城口县人民政府发布《城口县三合水库集中式饮用水水源地环境保护整改方案》，明确提出要完成

---

① 《县情概况》，重庆市城口县人民政府网站，2021年5月1日，http://www.cqck.gov.cn/zjck/ckjj/202105/t20210512_9273196.html。

三合水库一、二级保护区内环境问题整治工作，确保县城饮用水安全。[①] 城口县财政局、城口县水利局在《关于下达 2020 年农村饮水安全巩固提升工程项目计划的通知》中明确指出，计划安排农村饮水安全巩固提升项目资金 711 万元用于解决农村饮水安全问题，并对项目建设提出了严格的要求。强调加强扶贫项目库建设。按照脱贫攻坚项目库建设和管理的要求，做好脱贫攻坚项目库建设，规范项目管理，提前做好项目前期准备。[②] 这些政策性的文件在一定程度上为巩固城口饮水安全提供了保障，为下一步的工作重点指明了方向。在保障和巩固饮水安全方面，城口县主要采取了以下几种措施。

第一，精准研判，打好基础。城口县水利局坚持以问题为导向，深入农村实地对水源水量、地质地貌以及人口分布情况进行了细致的调研和分析，与地方政府沟通，与当地居民群众进行交流和询问，认真听取他们的意见，制定了较合理的取水、输水、配水的整改方案，在秉持精准有效解决农民饮水安全问题的同时，兼顾产业发展、生态需求和农业灌溉的用水保障问题，切实做好水利支撑与保障，发挥供水工程的综合效益。城口县地理环境特殊，属于典型的喀斯特地貌，山高坡陡、沟壑纵深，在这种恶劣的地势条件下，寻找水源、测量地形、访问农户等十分艰难，就是在这种条件下，城口县水利部门全员下沉，翻山越岭，认真做好饮水安全保障的基础工作。在这一过程中，涌现出了许多水利老专家和年轻的优秀水利工作者，他们不畏艰辛、坚守一线，为整改方案建言献策，为下一步的措施开展作出了重大贡献，体现了水利人的担当和奉献精神。

[①] 《城口县三合水库集中式饮用水水源地环境保护整改方案》，重庆市城口县人民政府，2018 年 5 月 24 日，http：//www.cqck.gov.cn/zwgk_270/zcwj/qtwjzcwj/201805/t20180524_5046342.html。

[②] 《关于下达 2020 年农村饮水安全巩固提升工程项目计划的通知》，重庆市城口县人民政府，2020 年 6 月 5 日，http：//www.cqck.gov.cn/zwxx_270/gsgg/202006/t20200608_7552368.html。

第二,突出重点,攻克难点。通过饮水安全项目工程方案的实施,城口县绝大部分地区实现了饮水安全有保障,但是部分海拔高、旱片区、分散户、偏远户仍然存在水源地缺水、工程性缺水和季节性缺水等问题,为了攻克这些难点,县水利局带领相关的水利技术工程人员多次深入实地进行细致调查,科学布局供水设施,有效解决了饮水安全问题。周溪乡凉风、三元、龙丰、鹿坪 4 个村,海拔都在 1000 米以上,大部分地区属于典型的高寒冰冻地区。前些年,冬季结冰导致水管冻结,村民饮水只能就近挑水吃。脱贫攻坚战打响以来,村子里的饮水管道全面升级,不仅实现了自来水全覆盖,而且更换了耐冰冻、韧性强的新型管道,严格按照标准深埋入地,村民饮水得到了保障,不再存在季节性缺水的问题。高海拔地区冬季温度比较低,导致部分裸露在外面的水龙头冻结,无法正常出水,引起了周溪乡党委、政府的高度关注,经过与结对帮扶单位县规划自然资源局摸排统计,为高海拔地区的居民购买备用水桶,切实补齐了群众饮水的最后"短板"。[1] 在今后的工作中,周溪乡将进一步深入基层实地摸排,了解收集群众的困惑和忧虑,并开展实际措施加以解决,切实为群众提供保障服务。

第三,强化监管,确保质量。在饮水工程建设过程中,县水利局联系水利工作站,共同负责饮水工程的监管,监理单位现场监督,确保工程质量、安全和进度。严格按照合同拨付工程进度款,审核工程实物量,确保资金使用合规有效。[2] 要想确保饮水安全有保障的持续性,提升管理水平是关键。为了加强农村供水工程的运行管理,明确管理责任,规范管理行为,确保工程良性运行和持久发挥效益,2019 年,城口县出台了《农村供水工程运行管理办法》,确立了农村饮水工程的管理组织和体制,落实了运行管理的责任主体,确保了饮水工程长效运

---

① 《周溪:备用水桶免费送上门 冰冻地区饮水有保障》,城口新闻网,2019 年 12 月 17 日,http://www.cqck.gov.cn/zwxx_270/qxdt/201912/t20191217_6497267.html。

② 《重庆市城口县啃下最难"硬骨头"打赢饮水保障攻坚战》,国家乡村振兴局网站,2021 年 1 月 6 日,http://www.cpad.gov.cn/art/2021/1/6/art_22_186169.html。

行。同时，县财政每年安排 300 万专项资金，用于农村供水工程维修养护，对供水成本高、管理效果好的供水单位给予适当补助。

饮水安全关系着广大农村居民身体健康和民生福祉，城口县实施的饮水安全巩固提升工程取得了明显的成效。通过领导和群众的不懈努力，"十三五"以来，城口县共建成农村集中供水工程 424 处，分散供水工程 317 处，新建蓄水池 1269 口，铺设管道 3073 千米，总投资 16795 万元，提升了 19.17 万农村人口供水保障水平。[①] 全县的饮水安全问题已经得到了全面解决，实现了饮水安全有保障的全覆盖。从"饮水解困"到"饮水安全"，从"饮水安全全覆盖"到"饮水安全巩固提升"，城口县农村饮水从"面的覆盖"迈向了"质的提升"，农民群众的生活水平不断提升，获得感、幸福感、安全感更加充实、更有保障、更可持续。

四　巩固"三保障"成果和饮水安全的困难与挑战

脱贫攻坚以来，"三保障"问题和饮水安全一直是全党工作的重要内容，在党组织的积极领导和全国各族人民的共同努力下，"三保障"和饮水安全问题得到了基本的解决。进入新发展阶段，进一步巩固"三保障"成果和饮水安全仍旧是巩固拓展脱贫攻坚与乡村振兴有效衔接的一项关键举措。2020 年进入小康社会以后，农村"三保障"和饮水安全问题虽然得到基本解决，保障水平明显提升，但是仍旧存在一些困难和挑战亟须解决。

（一）义务教育软件投入重视不足，教育教学质量有待提升

近几年来，为了巩固保障农村的义务教育，党中央对农村义务教育

[①] 《重庆市城口县啃下最难"硬骨头"打赢饮水保障攻坚战》，国家乡村振兴局网站，2021 年 1 月 6 日，http://www.cpad.gov.cn/art/2021/1/6/art_22_186169.html。

的投入不断增加，农村义务教育学校的硬件设施得到了改善，学校的办学条件发生了显著的改变，但是农村义务教育的质量并没有发生根本性的扭转，相较于城市而言还有较大的发展差距。目前，巩固义务教育有保障的工作仍然面临很大的挑战。

第一，义务教育的软件投入不够。农村教育的资金大多用于校园外部条件的建设，如教学设备、校园修建美化等，而在教育的软件环境建设（如师资引入、教师培训等）上不够重视。农村学校的教师待遇比较差，导致农村师资力量比较薄弱，教育教学质量无法得到保证。由于城乡经济和社会发展的不均衡，毕业大学生不想到农村教学，所以农村中小学教师的整体素质普遍偏低。虽然地方政府在政策方面做出了调整和优化，招了一批年轻教师，但是杯水车薪，远远不能够适应农村教学的需要。此外，农村的专业老师也十分匮乏，很多老师都是身兼数职，专业性亟待提升。随着农村办学条件的改善，农村教育的重心没有能够及时进行调整，导致义务教育后续资金的投入针对性不强，"粗放式"教育问题显著。

第二，义务教育对素质教育的重视程度不够。我国的义务教育法规定，义务教育要实施素质教育，提高教育质量。目前，我国的教育还在追求应试教育，通过学科成绩来评定孩子的发展潜力，在很大程度上造成了孩子对德、体、美以及动手创新能力的兴趣丧失，导致不能正确认识自己的长处，甚至影响孩子的身心健康发展。在素质教育方面，学校设置的相关素质教育课程普遍较少，导致学生在思想上不重视素质教育，素质教育成效低下。

（二）基层医疗卫生服务滞后，标准化建设水平仍需提升

医疗保障是重大的民生问题，经过多年的改革和努力，我国的基本医疗保障体系逐渐完善，保障体系建设取得了重大的成就，实现了基本医疗保障制度的全覆盖，构建了多层次医疗保障体系，实现了基本医疗保险基金总体平稳运行。但是目前我国基本医疗保障的发展仍然面临

瓶颈。

第一，乡村医疗卫生人才短缺。一是村医年龄结构老化，有将近一半的村医超过 50 岁。二是乡镇卫生院的人才结构亟须优化，高水平的专业医生十分匮乏，与城市相比，农村的医疗水平还十分低下。三是乡村医生待遇普遍较低，在城乡发展不平衡的背景下，越来越多的优秀专业医科人员选择到城市就业，因此，乡村普遍存在"招不进、留不住"人的现象。

第二，基层医疗卫生服务事业依然滞后。由于农村的专业医科人才短缺、年龄老化，因此农村基层医疗卫生一直存在服务能力较弱的问题。此外，部分村卫生室和乡镇卫生院的标准化建设水平仍然需要进一步提升。部分医疗设备短缺，基础设施仍然需要进一步更新升级。

第三，重特大疾病保障问题尚未解决。目前，我国虽然建立了基本医疗保障制度，也建立了补充医疗保障制度，但是现行的医疗保障制度难以有效化解重特大疾病的医药费用支付风险，原因是受到基本医疗保障费用封顶线的限制。目前的医疗救助制度在重特大疾病方面发挥的作用也十分有限，因为救助对象有一定的局限性，往往限定在特困人员和低保家庭，而且在救助资金的额度上也有一定的限度。也就是说，医疗救助在一定程度上确实能够缓解贫困家庭的医药费用的经济负担，但是对于重特大疾病患者家庭而言，医疗救助的资金是远远不够的。虽然还有社会互助、慈善捐助等渠道，但是这些办法是否有效还存在不确定性，有时候也难以发挥很大的作用。

（三）危房改造资金不足，住房环境和质量有待改善

脱贫攻坚以来，我国的农村危房改造建设取得了令世人瞩目的成就，但是在目前脱贫攻坚与乡村振兴有效衔接的时期，保障住房安全仍然存在一些难点和矛盾，需要通过新的实践逐步解决。

第一，农户自筹危房改造资金难度较大。现行危房改造建设制度要求"自筹资金、自主建设、自我管理、家庭自用"，一些家庭困难的农

户住房质量不高,有的存在漏雨、坍塌的危险,虽然有改造和修缮房屋的意愿和需求,但因病致贫、因残致贫、因灾致贫等客观因素导致家庭收入微薄,无储备资金,不具备资金自筹能力或资金自筹能力较弱,因此,以自筹资金为主的住房建设方式使得其被迫放弃危房改造和政府补助。一些农户虽然可以通过贷款的方式筹集资金,但是从长远来看,因为家庭经济收入十分有限,如果贷款修缮房屋在一定程度上就会又加大农户的家庭经济负担。因此,以自筹为主的住房建设方式还存在一定的问题,不能从根本上巩固住房安全保障的问题。

第二,缺乏稳定的住房改造资金投入机制。目前,除了对五保户、残疾人等特殊群体的住房补助有固定的资金来源外,其他群众住房救助、帮扶的资金来源主要有省级公共财政的专项资金、市县财政的配套资金及村集体自筹资金,具有缺口大、保障差的局限。

(四) 农村饮水设施基础条件薄弱,管护水平有待提升

随着全面建成小康社会和乡村振兴的深入推进,我国农村的安全饮水问题已经得到了基本的解决。政府部门高度重视安全饮水问题,将其作为民生工作的重要任务,通过加强领导、强化监管、资金扶持等措施,巩固农村安全饮水工程取得了显著成效,极大地改善了农村饮水条件,提升了居民的生活质量,为农村经济发展奠定了坚实的基础。但是,有些地区在安全饮水保障方面仍然存在一些亟待解决的问题。

第一,农村供水基础条件薄弱。部分地区饮水工程老化,早期建成的饮水工程,设计标准低下,设备老旧简陋,漏损比较严重,冬季管道冻结不通,给居民生活用水造成了严重影响,此外,农村供水保障只能满足现行标准下的农村饮水安全,按照国家"十四五"时期的"规模化、市场化、水源地表化、城乡一体化"发展要求,还有较大的发展差距。

第二,管护机制尚未全面建立。部分地区近年来下达的农村饮水安全维修管护资金已经按照贫困县涉农资金整合政策予以整合,严重影响

了农村饮水工程建成后的维修管护工作。部分地区财政部门对供水管护工程投入力度不够，"有人管、有钱管、能管好"的良性运行管理机制尚未完善，尤其是供水工程的建设、管护和运营机制还未健全，"重建轻管"的问题需重视。

五　讨论与建议

（一）小结与讨论

2020 年 12 月 16 日，中共中央、国务院发布《关于实现巩固拓展脱贫攻坚成果同乡村振兴有效衔接的意见》，明确脱贫攻坚目标任务完成后，设立 5 年过渡期，脱贫地区从集中资源支持脱贫攻坚转向巩固拓展脱贫攻坚成果和全面推进乡村振兴。到 2020 年稳定实现农村贫困人口"两不愁"（不愁吃、不愁穿）"三保障"（义务教育、基本医疗、住房安全有保障），是贫困人口脱贫的基本要求和核心指标。在巩固拓展脱贫成果同乡村振兴有效衔接阶段，脱贫人口的"不愁吃、不愁穿"需要通过发展、不断深化农村改革、增加脱贫家庭获得资产性收入来解决。2021 年以来，在习近平总书记重要论述的指引下，中央各部门精心设计，各地方结合地区实情，持续开展巩固"三保障"成果和饮水安全行动，取得了良好效果。

习近平总书记在中央财经委员会第十次会议上指出，共同富裕是社会主义的本质要求，是中国式现代化的重要特征，要坚持以人民为中心的发展思想，在高质量发展中促进共同富裕。[①] 从社会学的角度而言，共同富裕不仅指收入达到一定的平衡水平，还包含社会上有多少人享有高收入、社会福利、教育、医疗卫生服务等，以及人们的精神面貌如何。我们不能仅仅看个人收入是否增长，也要看公共财政收入是否增

[①] 《习近平主持召开中央财经委员会第十次会议》，中国政府网，2021 年 8 月 17 日，http://www.gov.cn/xinwen/2021 - 08/17/content_5631780.htm。

加,更要看公共财政收入是否用于民生事业、公共服务和基础设施等。[①] 中央财经委员会第十次会议指出,要坚持循序渐进,对共同富裕的长期性、艰巨性、复杂性有充分估计。要处理好效率和公平的关系,将农村地区发展不平衡、不充分问题作为重点工作加以推进。"三保障"和饮水安全是最基本的民生,也是最基础的公共服务,同时也是农村地区特别是脱贫地区发展最大的不平衡、不充分问题,要将巩固"三保障"成果和饮水安全置于实现共同富裕的高度,坚持以人民为中心的发展理念,充分发挥全社会的创造力和发展力,注重补齐公共服务短板,助力乡村振兴。

(二) 对策与建议

1. 加大对乡村学校建设的支持力度,提升教育教学质量

乡村振兴离不开人才和技术的支撑,近几年来,党中央聚焦教育行业发展,持续推进义务教育有保障的工作任务,着力提升农村教育基础设施建设和教学质量水平,全面实现了义务教育有保障的目标。针对目前义务教育保障存在的短板和问题,相关部门应该进一步采取有效措施来持续巩固义务教育保障成果。

一要持续聚焦义务教育入学保障。在全面实现义务教育有保障的基础上,相关部门应该进一步强化控辍保学机制和责任,把焦点放在重点地区、重点人群,组织开展控辍保学的常态化管理。继续完善"一县一案"控辍保学的工作任务,防止辍学学生新增和反弹。对于因为家庭困难等原因而辍学的学生要进一步落实好各项学生资助政策,保障家庭经济困难的学生应助尽助,以此阻断贫困的代际传递。同时,还应该加强对残疾学生的入学保障,完善特殊教育保障机制和办学条件。

二要加大对教育师资的保障。以乡村寄宿制学校为抓手,统筹使用

---

① 王春光:《迈向共同富裕:农业农村现代化实践行动和路径的社会学思考》,《社会学研究》2021 年第 2 期,第 29—45 页。

好现有的教育资源，同时要落实好相关的教师福利待遇政策，提升中小学教师的福利待遇，要贯彻落实各项保障教师待遇的政策条款，设立监督部门，切实维护教师的利益。对边远农村地区教师，应设立专项补贴。积极引导优秀年轻教师向农村学校流动，着力营造乡村能留住人的良好环境。同时，要把城乡教育融合起来，组织乡村教师到城市一流中小学进行参观和学习，以此来全面提升乡村教育教学质量和管理水平。

2. 做好重点群体的预警监测，持续提升基层医疗卫生服务能力

巩固基本医疗保障在目前阶段仍然是一个艰巨的任务，当前基本医疗建设仍然存在发展瓶颈，需要相关部门进一步明确当前基本医疗保障发展面临的困难和矛盾，并采取措施加以防范和解决。

一要动态做好重点群体的预警监测。通过预警监测和帮扶机制，运用大数据和互联网等手段，对因病致贫返贫风险较高的脱贫户和贫困边缘户等开展动态监测，将他们逐步纳入健康扶贫政策的保障范围，做到早预警早帮扶。

二要提升基层医疗卫生服务能力。政府部门应该进一步完善基础医疗设施和设备，做好巩固基本医疗保障的重点工作。继续加大对乡村医疗的投入力度，确保每一个乡镇都能够建设一所标准化的卫生院，每一个村庄都能建设一所标准化的卫生室。推进村医"乡村聘用"制度和养老保障政策，逐步实现农村医疗卫生服务管理一体化，确保农民享有基本医疗卫生服务。积极引入优秀医师进入农村，提升农村整体的医疗卫生服务能力。同时，要实施医学人才培养项目，加大对医疗技术骨干和学科带头人的培养力度，狠抓住院医师规范化培训质量。

三要保持现有医保政策的总体稳定。严格落实分类救治机制，重特大疾病的救治工作应该确保做到应治尽治，家庭医生的签约服务也应该做到应签尽签，对家庭困难的患者进行医疗救助，防止困难群体因为就医负担过重而返贫，继续实行"先诊疗后付费"、"一站式"结算等便民服务。同时，要进一步做好城镇上下级医疗的对口帮扶，形成城乡长效帮扶机制，为持续巩固基本医疗有保障奠定基础。

3. 加快推进农村危房改造，改善住房环境和质量

脱贫攻坚以来，政府部门狠抓落实危房改造政策，经过几年的努力，基本上解决了农村困难群众的住房安全问题，切实改善了农村困难群众的住房条件和生活条件，但是目前在保障住房安全上仍然存在一些问题和瓶颈，因此，在保持政策稳定性、延续性的基础上，采取有效措施持续做好住房安全有保障的巩固提升工作是十分关键的一项任务。

一要持续做好农村低收入群体的住房安全保障工作。对农村低收入群体的住房安全情况进行及时的跟踪调查，开展重点群体住房安全问题的排查整治工作，对于发现存在安全隐患的家庭困难户，及时给予帮扶和补助，做到精准认定、不漏一户。要及时准确掌握危房改造计划的落实情况和监督管理等情况，积极推进危房改造工程的实施和运行，统筹做好资金和人力调配。同时，各地也要遵循因地制宜的改造原则，积极探索符合当地实际情况和农民需求的农村危房改造方式，提升政府补助的使用效益。

二要持续推进农房的品质提升。在巩固提升住房安全有保障的基础上，要进一步提升农房的品质。要扎实推进农房品质提升的试点工作，通过提高设计水平和施工水平，将房屋的质量安全问题和舒适宜居共同纳入农房品质提升的范畴，以房屋内外部环境提升为重点，注重水电气设施建设以及周边绿化工作，延长房屋的使用年限，增强房屋的减震抗灾能力，引导村民建设功能现代化、质量安全有保障、成本经济、绿色环保的宜居型住房，逐步提升农房的现代化水平。

4. 加强农村饮水基础设施建设，建立农村饮水建后管护机制

目前，农村在饮水安全保障方面仍旧存在不足之处，解决农村饮水安全保障工作任重道远。要把保障饮水安全作为农村发展的重要任务，因地制宜采用合理可行的措施和方案，保障农村地区饮水安全。

一是要加强污染防治，保护水源地安全。在农村，要进一步践行绿色生态环保的理念，推行循环经济以及废水污水处理技术，实现废水达标排放和水资源的循环利用。同时，还要进一步转变农村粗放型的生产

模式，走农业生态化道路，减少农药和肥料的使用，学习和优化农业种养技术，有效防止农业污染水源。建立农村污水处理中心、垃圾分类处理设施，必须严格控制在水源地周围堆放垃圾和排放污水的行为，做到从源头上保护水资源，确保饮水安全有保障。

二是完善农村饮水基础设施建设。相关部门应该进一步加大对农村饮水设施的投入和建设力度，探索长效管理机制。通过以国家资助为主，集体和村民投资为辅，适当吸引社会资本投资的方式，多方筹集资金建设农村供水设施，对老旧饮水设施进行及时升级和更换，同时引导企业做到供水达标，有条件的乡镇可以纳入城市供水，实现城乡供水一体化发展，进一步保障农村安全饮水问题。除此之外，还要加强饮水工程的管理，建立健全有效的管理、维修和监督检测等规章制度，形成饮水工程运行使用和管理的长效机制。

三要加大有关饮水安全的宣传教育力度。要对群众进行广泛的宣传，使其认识到安全饮水的重要性。提高群众对于饮水安全性的认知，掌握预防饮水水质污染的要领，掌握安全饮水和科学饮水的知识。

第三章　脱贫地区特色产业发展带动

产业兴旺是乡村振兴的重点①，是农民致富的根本之策，特色产业是乡村产业的重要组成部分。所谓特色产业，是指具有地域特征鲜明、乡土气息浓厚的小众类、多样性的产业，涵盖特色种养、特色食品、特色手工业和特色文化等，发展潜力巨大。促进脱贫攻坚与乡村振兴有机衔接，促进农民增收致富，巩固脱贫攻坚成果，发展特色产业是重要方向和有效路径。那么，如何实现脱贫地区特色产业发展，如何有效带动脱贫地区群众增收致富？本章试图通过政策解读和案例分析为脱贫地区特色产业发展带动提供一些参考和借鉴。

一　背景与形势

农业农村现代化是实施乡村振兴战略的总目标，发展特色产业是加快推进农业农村现代化的重要举措。党的十八大以来，习近平总书记就发展特色产业做出一系列重要论述，提出一系列重要指示和要求，为我国特色产业发展带动农民致富提供了思想和行动遵循。认真深入研究习总书记关于特色产业发展的重要论述，可以得到如下启示：一是特色产业发展要因地制宜，突出特色，我国国土辽阔，自然条件和民族文化多种多样，具备发展特色产业的良好基础；二是发展特色产业要重视人才培养，严把质量关，注重品牌建设，依靠创新实现良性发展；三是发展特色产业要努力发挥带动作用，完善利益联结机制，让广大农民和贫困

① 《中共中央国务院关于实施乡村振兴战略的意见》，《人民日报》2018年2月5日，第1版。

人口分享产业增值收益，这是特色产业发展的根本依归。

（一）特色产业发展背景

在我国，特色产业在发展初期是以特色农业为主要发展内容。我国国土辽阔，各地区资源禀赋、气候条件、历史传统、生活消费习惯等存在明显差异，这些因素共同作用于当地的农业生产，形成了区域性特色农业。20世纪80年代我国在农村实现了家庭联产承包责任制改革，农业发展进入了一个新阶段。进入21世纪，我国农业生产能力得到了很大提升，粮食总产量连上新台阶，这为中国粮食安全提供了坚实的物质基础和供给保障。在解决"吃饱"问题的基础上，我国农业向解决"吃好"方向迅速迈进，以区域资源为基础的特色农业发展不仅成为农业发展的重要选择，还成为打赢脱贫攻坚战的重要支撑。

总的来看，21世纪前20年我国特色产业发展大致分为两个阶段。[①]第一阶段，2002—2011年借助农业结构调整的东风，特色农业实现规划性发展。2002年农业部下发《关于加快西部地区特色农业发展的意见》，以此为标志，我国迎来了贫困地区特色农业发展的春天。2003年颁布了《优势农产品区域布局规划（2003—2007年）》，指出要充分发挥农业比较优势，重点培育一批优势农产品，优化大宗农产品区域布局。此后，2004—2010年，每年的中央一号文件都将充分发挥各地的比较优势，调整农业区域布局，发展特色农业作为重要内容，并对特色农业发展的政策要求、政策着力点更加具体和细化。经过10年的努力，特色农产品总量不断增加，质量不断提高，经济效益快速增长，已成为区域农村经济的重要支柱和出口创汇的重要产品。

第二阶段，2012—2020年以农业供给侧改革和精准扶贫为契机，由特色农业向特色产业全面发展迈进。2004—2015年，我国粮食产量

[①] 何安华：《中国特色农业发展40年：历程、特征与经验》，《当代农村财经》2018年第9期，第15—18页。

实现了"十二连增"。考虑到资源、环境和需求等多种因素影响，2015年中央农村工作会议强调，要着力加强农业供给侧结构性改革，提高农业供给体系质量和效率，使农产品供给数量充足、品种和质量契合消费者需要，真正形成结构合理、保障有力的农产品有效供给。而在此前一年，2014年农业部就发布了《特色农产品区域布局规划（2013—2020年）》，重点发展10类144种特色农产品，结合《全国主体功能区规划》中"七区二十三带"农业战略格局要求，规划了一批特色农产品的优势区，并细化到县。2015年，我国吹响了打赢脱贫攻坚战的号角，《中共中央国务院关于打赢脱贫攻坚战的决定》明确提出"发展特色产业脱贫"，发展特色农业作为贫困地区农民产业脱贫的重要渠道。这意味着2015年成为我国特色农业向特色产业过渡的重要节点，肩负起农业供给侧结构性改革和产业扶贫的双重任务。为做大做强优势特色产业，2017年中央一号文件和中央农村工作会议提出要制定特色农产品优势区建设规划，建立评价标准和技术支撑体系，鼓励各地争创园艺品、畜产品、水产品、林特产品等特色农产品优势区。为此，农业部等九部委联合印发《关于开展特色农产品优势区创建工作的通知》（农市发〔2017〕3号），发改委、农业部、林业局联合印发《特色农产品优势区建设规划纲要》，鼓励地方做大做强优势特色产业，争创特色农产品优势区，把土特产和小品种做成带动农民增收的大产业。2018年中央一号文件提出，推进特色农产品优势区创建，建设现代农业产业园、农业科技园。

2020年我国脱贫攻坚取得决定性胜利，脱贫地区特色产业在产业扶贫政策的支持下，由原来以种养业为主的特色农业向以全产业链发展为目标的特色产业迈进，实现了初步发展。2021年，出台了《中华人民共和国乡村振兴促进法》，强调优化农业生产力布局，推进农业结构调整，发展优势特色产业。为培育壮大脱贫地区特色产业，农业农村部等10部门印发《关于推动脱贫地区特色产业可持续发展的指导意见》，这一文件的出台意味着特色产业发展进入了第三阶段，即持续发展阶段。这一阶段的目标是，脱贫地区特色产业发展基础更加稳固，产业布局更加优化，产业体系更加完善，产销衔接更加顺畅，农民增收渠道持续拓宽，发展活力持续增强，实现产业发展"从有到优"转变。

（二）脱贫地区特色产业发展形势

2020年11月，农业农村部部长韩长赋在脱贫地区特色产业可持续发展论坛上指出，我国在推动产业扶贫上取得了显著成效，发展了一大批特色鲜明的扶贫产业，带动了一大批贫困户增收脱贫，培育了一大批产业发展带头人，引进了一大批企业和科技专家，积累了一大批发展设施条件。全国832个贫困县累计建成各类产业扶贫基地30多万个，90%以上的建档立卡贫困户享受到产业和就业扶持，2015—2019年，贫困户人均纯收入由3416元增加到9808元，年均增长30.2%，产业是收入增长的重要渠道之一。[1]

为了促进特色产业的规模化、专业化发展，国家相继出台了多项措施。2019年4月，农业农村部乡村产业发展司在海南万宁举办全国"一村一品"示范村镇管理人员交流活动。各地因地制宜发展"一村一品"，做强了特色主导产业，为促进乡村产业振兴、脱贫攻坚提供了有力支撑。全国832个国家贫困县已发展"一村一品"专业村15000多个，占全国专业村总数的25%，人均可支配收入过万元。[2]

特色产业的理想发展状态是"产业集群"，为此，农业农村部、财政部启动了实施优势特色产业集群建设。截至2021年8月，已在全国支持建设100个特色产业集群。这些优势特色产业集群表现出主导产业突出、资源要素汇集、全产业链延伸、经营主体多元、联农带农紧密等

① 《脱贫地区特色产业可持续发展论坛在重庆召开》，中华人民共和国农业农村部网站，2020年11月27日，http://www.moa.gov.cn/xw/zwdt/202011/t20201127_6357196.htm。

② 《全国"一村一品"示范村镇管理人员交流活动在海南万宁举办》，中华人民共和国农业农村部网站，2019年4月24日，http://www.xccys.moa.gov.cn/tscy/201904/t20190424_6314617.htm。

特点，成为发展乡村产业的重要载体。为引导金融资金支持产业集群建设，农业农村部对接国家农业信贷担保联盟，积极引导产业集群所在地政府、金融机构与各级农业担保公司开展多种形式合作，创新业务流程，降低融资成本，着力解决融资难、融资贵问题，有力助推优势特色产业集群建设，引领带动乡村产业发展。

但总体来看，目前脱贫地区产业发展还处于培育成长期，巩固产业扶贫成果、接续推进乡村产业振兴任务十分艰巨。要着力推动脱贫地区特色产业由快速覆盖向长期培育转变，由重点支持贫困村、贫困户向脱贫地区全域覆盖、全体受益转变，由主要支持种养环节向全产业链条拓展转变，推进脱贫地区产业提档升级，提高质量效益竞争力。要加快推进产业链现代化，持续抓好产销对接，大力培育新型经营主体和服务组织，继续加强科技服务，稳定加大政策扶持。①

二　脱贫地区特色产业发展的政策设计

当前，中国特色社会主义进入了新时代，我国经济由高速增长阶段转向高质量发展阶段。推动经济高质量发展，必须调整优化产业结构，建设创新引领、协同发展的产业体系。发展县域经济，推进农村一二三产业融合发展，延长农业产业链条，发展各具特色的现代乡村富民产业，成为我国农村产业发展带动农民致富的必然选择。2020 年 12 月，习近平总书记在中央农村工作会议上指出："要加快发展乡村产业，顺应产业发展规律，立足当地特色资源，推动乡村产业发展壮大，优化产业布局，完善利益联结机制，让农民更多分享产业增值收益。"② 本章将系统介绍 2021 年以来中央制定的特色产业发展及带动脱贫地区发展

① 《脱贫地区特色产业可持续发展论坛在重庆召开》，中华人民共和国农业农村部网站，2020 年 11 月 27 日，http://www.moa.gov.cn/xw/zwdt/202011/t20201127_6357196.htm。
② 《习近平出席中央农村工作会议并发表重要讲话》，中国政府网，2020 年 12 月 29 日，http://www.gov.cn/xinwen/2020-12/29/content_5574955.htm。

的政策设计，为各地发展特色产业提供政策依据。

（一）特色产业发展政策顶层设计

产业发展是乡村振兴的关键，特色产业发展是农村产业发展的核心内容。2021 年 4 月 29 日，第十三届全国人民代表大会常务委员会第二十八次会议通过《中华人民共和国乡村振兴促进法》。《中华人民共和国乡村振兴促进法》的出台，为脱贫地区特色产业发展带动提供了顶层政策设计。

第一，特色产业发展目标。《中华人民共和国乡村振兴促进法》指出，地方各级人民政府要坚持以农民为主体，以乡村优势特色资源为依托，支持特色农产品优势区，促进农村一二三产业融合发展，推动建立现代特色产业体系、生产体系和经营体系，促进小农户和现代农业发展有机衔接。换言之，特色产业发展的最终目标还是要实现农户，特别是脱贫户与产业之间的有效利益链接。同时，地方各级人民政府应当采取措施增强脱贫地区内生发展能力，建立农村低收入人口、欠发达地区帮扶长效机制，持续推进脱贫地区发展。

第二，特色产业发展路径。从产业发展角度，《中华人民共和国乡村振兴促进法》对特色产业发展提出两个重要指导原则：一是坚持改革创新，充分发挥市场在资源配置中的决定性作用，更好发挥政府作用，推进农业供给侧结构性改革和高质量发展，不断解放和发展乡村社会生产力，激发农村发展活力；二是坚持因地制宜、规划先行、循序渐进，顺应村庄发展规律，根据乡村的历史文化、发展现状、区位条件、资源禀赋、产业基础分类推进。

特色产业是本地具有比较优势的产业，是有市场竞争力的产业。特色产业的形成离不开政府扶持，但更重要的是市场内生。市场主体追求利润，会根据本地要素禀赋选择适宜的产业，从而形成特色产业。政府的作用是营造环境，引导市场主体创业和发展产业。

在这里，有必要强调的是，区域化特色产品的培育需要政府的集中投入，例如具有地方特色的果蔬畜禽品种的选育、特色产品标准化体系建设以及配套产业链的基础设施建设等。国家应在农业种质资源保护利用和种质资源库建设、农业科技创新和培育创新主体、农业技术推广体系建设、农业机械生产研发和推广应用等方面加大投入。地方政府根据本地条件申请相关政策和资金支持。此外，《中华人民共和国乡村振兴促进法》还指出，地方政府要统筹农产品生产地、集散地、销售地市场建设，加强农产品流通骨干网络和冷链物流体系建设，鼓励企业获得国际通行的农产品认证，增强乡村产业竞争力。

第三，特色产业发展要求。《中华人民共和国乡村振兴促进法》明确指出了产业发展要坚持的底线。一是确保农民受益。国家支持农民专业合作社、家庭农场和涉农企业、电子商务企业、农业专业化社会化服务组织等以多种方式与农民建立紧密型利益联结机制，让农民共享全产业链增值收益。二是按照土地规划要求使用土地。国家建立农用地分类管理制度，严格保护耕地，严格控制农用地转为建设用地，严格控制耕地转为林地、园地等其他类型农用地。发展乡村产业应当符合国土空间规划要求。三是符合环境保护要求。国家鼓励和支持农业生产者采用节水、节肥、节药、节能等先进的种植养殖技术，推动种养结合、农业资源综合开发，优先发展生态循环农业。禁止将污染环境、破坏生态的产业或企业向农村转移。

（二）特色产业发展规划与脱贫地区带动

2020 年 7 月，为深入贯彻党中央、国务院决策部署，加快发展乡村产业，农业农村部依据《国务院关于促进乡村产业振兴的指导意见》编制了《全国乡村产业发展规划（2020—2025 年）》。该规划从三个方面拓展乡村特色产业的发展。第一，构建全产业链，以拓展二三产业为重点，延伸产业链条，开发特色化、多样化产品，提升乡村特色产业的附加值，促进农业多环节增效、农民多渠道增收。第二，推进聚集发展，集聚资源、集中力量，建设富有特色、规模适中、带动力强的特色产业集聚区。第三，培育知名品牌，按照"有标采标、无标创标、全程贯标"要求，以质量信誉为基础，创响一批乡村特色知名品牌，扩大市场影响力。

《全国乡村产业发展规划（2020—2025年）》明确了以特色产业推进产业扶贫。一方面推进资源与企业对接，发掘贫困地区优势特色资源，引导资金、技术、人才、信息向贫困地区的特色优势区聚集，深度开发特色资源，带动农民共建链条、共享品牌，让农民在发展特色产业中稳定就业、持续增收。另一方面推进产品与市场对接，引导贫困地区与产地批发市场、物流配送中心、商品采购中心、大型特产超市、电商平台对接，支持贫困地区组织特色产品参加各类展示展销会，扩大产品影响，让贫困地区的特色产品走出山区，进入城市，拓展市场。深入开展消费扶贫，拓展贫困地区产品流通和销售渠道。

2021年4月发布的《关于推动脱贫地区特色产业可持续发展的指导意见》进一步细化了脱贫地区特色产业发展带动的举措，并确定了特色产业发展的目标任务。《关于推动脱贫地区特色产业可持续发展的指导意见》指出，到2025年脱贫地区特色产业发展基础更加稳固，产业布局更加优化，产业体系更加完善，产销衔接更加顺畅，农民增收渠道持续拓宽，发展活力持续增强；壮大一批有地域特色的主导产业，建成一批绿色标准化生产基地，培育一批带动力强的农业企业集团，打造一批影响力大的特色品牌，并从以下四个方面确保目标的实现。

一是实施特色产业提升行动。具体而言，脱贫地区要加强规划引领，依托资源优势和产业发展基础，编制"十四五"特色产业发展规划，引导资金、技术、人才、信息向脱贫地区聚集，发展"一县一业"，培育壮大主导产业。脱贫地区要努力建设标准化生产基地，按照产业布局和产业链建设要求，发展地域特色鲜明、乡土气息浓厚的特色种养业，建成一批绿色标准化基地。要提升农产品加工业，通过统筹发展农产品初加工、精深加工和综合利用加工，推动脱贫地区由卖原字号向卖制成品转变，把增值收益更多留在县域；加强农产品流通设施建设，推进脱贫地区农产品流通骨干网络建设，优化县域批发市场、商品集散中心、物流基地布局，引导供销、邮政及各类企业把服务网点延伸到脱贫村。此外，脱贫地区应以特色资源拓展农业功能价值，发展乡村旅游、休闲农业、文化体验、健康养老等新产业新业态，打造区域公用品牌、企业品牌等知名产品品牌，以及按照政策集成、要素积聚、企业集中的要求推动产业园区化发展。

二是脱贫地区要稳定并加强产业扶持政策。中央财政衔接推进乡村振兴补助资金重点支持培育和壮大欠发达地区特色优势产业，并逐年提高资金占比。脱贫县统筹整合使用财政涉农资金优先支持特色产业发展，壮大脱贫地区优势特色产业（含必要的产业配套基础设施），促进产业提质增效。在金融服务方面加大创新力度，一方面调整完善针对脱贫人口的小额信贷政策，对有较大贷款资金需求、符合贷款条件的对象，鼓励申请创业担保贷款发展特色产业，另一方面创新金融产品和服务，充分发挥农业信贷担保体系作用，鼓励和引导金融机构为脱贫地区新型农业经营主体发展产业提供信贷支持。在用地政策方面，中央在过渡期内专项安排脱贫县的年度新增建设用地计划指标，优先保障特色产业用地需要，并结合脱贫县特色产业发展需要，统筹安排用地规模和计划指标，优化用地审批和规划许可流程，提高审批效率，支持一二三产业融合发展。在项目管理方面，建立脱贫地区特色产业发展项目库，与巩固拓展脱贫攻坚成果和乡村振兴项目库实现共建、共享、共用，入库项目由支持种养环节向支持全产业链开发转变。脱贫县要优化产业项目管理，建立健全农业农村部门牵头、相关部门参与的特色产业发展项目管理机制。

三是强化产业发展服务支撑，脱贫县要健全产销衔接机制、技术服务机制、联农带农机制和风险防范机制。例如，开展农产品产销对接活动，支持脱贫地区经营主体参加各类展示展销活动，推动农产品流通企业、电商、批发市场与脱贫地区特色产业精准对接。在服务方面，组织农业科研教育单位、产业技术体系专家等开展产业帮扶，继续在脱贫县设立产业技术专家组，积极推动乡村振兴重点帮扶县建立产业技术顾问制度。全面实施农技推广特聘计划，在乡村振兴重点帮扶县探索实行农技推广人员"县管乡用、下沉到村"新机制。

联农带农与风险防范两大机制集中体现了特色产业的发展带动作用。脱贫县应对带动脱贫人口稳定增收的龙头企业继续给予认定与扶持，在项目安排、示范评定、融资贷款、保险保费、用地用电等方面倾斜支持。继续实施脱贫地区企业上市"绿色通道"政策。优化东西部协作、对口支援帮扶方式，引导东部地区企业到脱贫地区投资兴业，鼓励东西部共建产业园区。深化脱贫地区农村集体产权制度改革，推动村集体经济做大做强。返乡创业扶持政策向脱贫地区延伸覆盖，引导农民工、大中专毕业生、科技人员、乡土人才在农村创新创业。将新型经营主体扶持与联农带农效果紧密挂钩，形成企业、合作社和脱贫户、小农户在产业链上优势互补、分工合作的格局。脱贫县要把产业发展作为防止返贫动态监测的重要内容，对因自然灾害、病虫害、价格波动、产品滞销等出现产业发展困难的脱贫户、边缘户及时开展有针对性帮扶。脱贫县定期开展特色产业发展风险评估，将龙头企业、农民合作社等新型经营主体作为主要评估对象，聚焦生产、经营、联农带农和政策措施落实等重点，系统评估产业发展面临的主要风险。脱贫县要从技术援助、市场服务、保险减损、金融风险化解、绿色发展等方面，完善防范和处置风险的具体措施。

四是强化组织保障。《关于推动脱贫地区特色产业可持续发展的指导意见》要求压实工作责任、强化考核调度和营造良好氛围。脱贫县要落实主体责任，加强工作统筹，强化措施落实，有力推进特色产业发展。要保持工作队伍稳定，对产业发展落后、集体经济薄弱的村，优先选派驻村第一书记和工作队，明确产业发展帮扶职责。要把特色产业可持续发展作为市县党政领导班子和领导干部推进乡村振兴实绩考核的重要内容，科学设置考核指标，重点考核政策措施落实、特色产业覆盖、新型经营主体带动、服务体系建设等情况。要加强特色产业发展支持政策解读和业务培训，提高基层干部群众产业发展能力。总结推广脱贫地区特色产业发展经验做法和典型范例，广泛宣传社会各方帮扶产业发展的生动事迹，营造良好舆论氛围。

（三）特色产业发展带动的重点政策

2021 年，农业农村部采取有力有效政策措施拓展乡村特色产业，建设富有特色、规模适中、带动力强的特色产业集聚区，构建"多县一带""一县一业""一镇一特""一村一品"乡村特色产业发展格局，引领乡村特色产业高质量发展。

一是打造一批优势特色产业集群。2020 年，农业农村部会同财政部启动实施优势特色产业集群建设，安排中央财政资金 50 亿元，支持建设综合竞争力强的优势特色产业集群。2021 年，农业农村部、财政部继续实施优势特色产业集群建设，立足省域，围绕农业主导产业进行跨地市布局，建设业态类型多样、规模效益显著、资源要素汇聚、全产业链开发、经营主体多元、联农带农紧密的具有较强综合竞争力的优势特色产业集群。中央财政以奖补方式支持建设优势特色产业集群。资金主要支持主导产业全产业链开发，完善产业集聚协作机制，促进分工合作和产业关联，支持建设机械化、标准化、数字化特色农产品生产基地，发展农产品加工，建设物流网络，培育市场品牌体系，建设公共服务平台，壮大经营主体和服务主体，构建优势特色产业科技集成化、种养规模化、加工集聚化、物流现代化、营销品牌化、服务网络化的全产业链发展格局。

二是继续认定一批全国"一村一品"示范村镇，打造特色产业支撑点。加大力度培育主导产业突出、创新创业活跃、联农带农紧密的全国"一村一品"示范村镇，引导发展布局集中、规模适中、特色鲜明、效益明显的乡村产业微型经济圈，形成一村带数村、多村连成片的发展格局。2021 年，新认定 400 个左右全国"一村一品"示范村镇，加大宣传推介，引领乡村特色产业规模化、集聚化发展。

三是遴选推介乡村特色产品和能工巧匠。引导各地统筹协调资源力量，共同培育壮大一批特色产业经营主体，提升特色产品质量效益，提升特色产业附加值。2021年，发掘推介一批乡土特色鲜明的乡村特色产品和产业发展带动力强的能工巧匠，讲好产品、产业和乡土工匠故事，打造"乡字号"和"土字号"特色产业"金字招牌"，引领农民就业创业、增收致富。

四是支持脱贫地区产销对接。2018年以来，农业农村部深入开展贫困地区产销对接工作，聚焦重点地区，创新对接形式，取得了积极成效。为做好巩固拓展脱贫攻坚成果同乡村振兴有效衔接，2021年继续聚焦脱贫地区开展产销对接工作，组织开展系列产销对接活动，依托大型电商、行业协会完善网上销售平台，加强脱贫地区品牌农产品宣传推介，带动社会各界共同参与、共同支持，以点带面，辐射带动区域和产业发展，巩固拓展脱贫攻坚成果，促进乡村产业振兴。

三　脱贫地区特色产业发展的典型案例

截至2020年底，农业农村部在全国范围内认定了十批3274个"一村一品"示范村镇，并在当年认定了91个镇（乡）为2020年全国乡村特色产业十亿元镇、136个村为2020年全国乡村特色产业亿元村。这些产值规模巨大的特色村镇表明我国近年来特色产业发展成效显著。

特色产业产出的是有浓厚的乡土气息、鲜明的地域特色、优良的产品品质和较大开发潜力的产品，主要包括特色种植、特色养殖、特色食品和特色手工产品等。近年来，在中央政策的持续引导和支持下，地方政府和农民不断探索，涌现了一批特色鲜明、规模巨大、脱贫带动效益显著的特色产业。为此，《人民日报》对各地特色产业发展的典型案例进行了深度调查和报道，课题组整理了种植、养殖和加工三个案例以资借鉴。

（一）陕西洛川苹果：小苹果做成大产业[①]

洛川县位于陕西中部，地处渭北黄土高原沟壑区，居乔山、乔山林带之间，境内气候较温和，太阳辐射能量丰富，十分有利于苹果的生长。经过几十年的发展，目前陕西洛川县的苹果种植面积达到53万亩，农民人均3.3亩，居全国之首。2020年苹果总产量93万吨，亩均收入8000元，收入3万—5万元的农户占总户数的19.08%。洛川苹果产业产生了显著的带动作用，使洛川农村贫困发生率从2014年底的4.89%下降到现在的0.66%。探寻洛川特色苹果产业的发展脉络，把苹果从一个普通水果做成一个特色鲜明的地域品牌，洛川县在三个方面下了大功夫。

一是集约化经营，推动生产方式变革。苹果是洛川经济发展中的主导产业，但随着苹果种植面积不断扩大，果园老龄化等问题日益凸显。乔化果树是传统种植的主要方式，乔化果树管理不好容易导致挂果迟、果个小、难着色。2018年，洛川开始大力推行种植矮化密植园。相比传统乔化果树，新品种矮砧苹果，果树成形早、结果早、丰产早，产量也较以前高出好几倍。随着若干种植试验基地的成功，洛川苹果以矮化密植栽培模式为切入点，推进产业转型升级，实现高质量发展。目前矮化密植果园覆盖了全县所有乡镇，种植面积累计达10万亩。

除了栽植模式转型，建设高标准农田，重新调整划块，推进农业机械化，是集约化经营的另一个重要手段。由于零散的土地不方便灌溉和大型农机具工作，2019年，洛川县凤栖街道打破以往"分田到户"的经营模式，开始整合土地，实行规模化经营。谷咀村有73户果农共243亩土地参与了这种经营方式。在苹果种植前期进行统一规划设计，中期统一灌溉、防治病虫害，后期统一协调对接市场，分片区对果园进

[①] 龚仕建：《陕西洛川：小苹果做成大产业》，人民网，2020年10月22日，http://ip.people.com.cn/n1/2020/1022/c136655-31901699.html。

行实时管理，每个区域都有各自的主管，指导农户在适宜集约化经营时进行农事耕作。"互助合作、统分结合"的经营模式降低挖改成本、提升果品一致性、保证果农利益最大化，一个流程下来能节省投资25%左右。

在农户集约化经营之外，洛川县还在推动生产组织方式变革上大力培育种植大户、家庭农场、苹果专业合作社等现代经营主体，构建"龙头企业＋基地＋农户""龙头企业＋合作社＋基地＋农户""合作社＋基地＋农户"等多种合作模式的果业产业化联合体。

二是提升附加值，实现全产业链增收。2017年起，延安市委、市政府提出要推进苹果产业"后整理"，着力在苹果分拣、包装、冷藏冷链、市场营销等各个环节上下功夫，不断延伸产业链，提升苹果产业附加值，让群众在全产业链上增收。顶端果业是洛川本土的龙头果业电商，2018年5月，创新成品果园技术托管模式，在果树栽植、土肥、园艺、植保各个环节实行全程配套，托管团队免费指导服务、全程监管、收录数据，并对托管果园的苹果实行订单收购，与果农形成利益联结机制。在实现果农降本、增收的同时，顶端果业还为消费者提供了翔实可靠的追溯体系，成为洛川果业转型升级的新模式。在顶端果业的生产车间里，一个个新鲜的苹果通过选果线，经过测外观、测糖酸比、测霉心等环节的智能筛选，淘汰不符合标准的苹果，然后按照不同规格和需求，分流到各个渠道进行包装和对外销售。这是这些年洛川苹果能"带皮吃、上户口、论个卖"，赢得消费者口碑的重要原因。

目前，洛川县建设4.0高端智能选果线33条，冷气调库库容达到60万吨，洛川苹果专卖店实现全国一、二线城市全覆盖，出口28个国家和地区。苹果醋、苹果酒、苹果脆片等高附加值产品畅销国内外。注册电商经营户728户，年销售洛川苹果6万余吨，销售额近8亿元。

三是废物再利用，走出绿色发展之路。苹果种植会产生很多废弃反光膜和废弃枝条。为解决这一问题，洛川县变废为宝，通过反光膜全收集，果树枝条全利用，促进了果园面源污染治理。洛川琦泉生物质发电有限公司收购苹果树枝条、树干、树皮、玉米秸秆等 10 多种农林废弃物，可直接压缩为成型燃料，也可以燃烧后把灰、渣制作成保湿砖等新型建筑材料，还可以把灰加工成有机肥。该公司一年可加工农林废弃物 30 万吨，能带动农民增收 1 亿元；可节约标准煤 13 万吨，减排二氧化碳 25 万吨；同时，提供就业岗位 147 个，间接带动 1000 余人实现增收。洛川县土基镇黄连河村是一个贫困村。土基镇为村里引进黄连河生态林业有限责任公司，利用邻村、邻县的苹果枝粉碎后的废弃物发展食用菌、灵芝、木耳等产业，配套养殖孔雀、七彩珍珠鸡、鸿雁等 10 余种珍禽，打造生态观光农业。

从产业的可持续发展角度，洛川县把绿色和现代化作为衡量苹果产业高质量发展的重要标准。作为全国唯一的整县通过认证的绿色食品原料生产基地，洛川县将围绕产业链部署创新链，围绕创新链布局产业链，走集群化发展的路子，发挥苹果产业的引领作用。

（二）宁夏盐池滩羊：发展致富"领头羊"[①]

盐池县位于宁夏回族自治区东部，地处陕甘宁蒙四省区七县交界地带，是中国北方半干旱农牧交错区 266 个牧区县之一，享有"中国滩羊之乡"的美誉。近年来，盐池县立足资源禀赋，充分发挥滩羊产品优势，全力打造"盐池滩羊"品牌。"盐池滩羊"已成为盐池县农民脱贫致富和农业农村发展的"一号"产业。

一是坚持高起点谋划，做大做强滩羊产业。按照高端化、差异化、品牌化目标，盐池县全力推进滩羊标准化生产、集约化经营、规模化发展，连续 11 年印发《盐池滩羊产业发展实施方案》，持续投入各类项目资金 5 亿元，在"盐池滩羊"标准化生产、品牌宣传保护、质量追溯、市场开拓等关键环节予以重点扶持，建立健全"产、加、销"产业链利益共享、风险共担的联结机制。组建宁夏盐池滩羊产业集团有限

---

① 《盐池滩羊特色优势产业发展的"领头羊"》，《人民日报》2021 年 1 月 21 日，第 8 版。

公司，建立县乡村三级滩羊协会，实行"县统乡、乡统村、村统组、组统户"的滩羊养殖营销模式。制定了盐池滩羊饲喂、屠宰、加工等28项标准化生产技术规程，逐步实现盐池滩羊购销价格、市场开拓、品牌宣传、营销策略、生产标准和饲草料使用"六统一"。累计建成规模养殖园区326个，发展300只以上规模养殖户1000多户，累计建成青贮池30万立方米，年发展人工种草15万亩以上，制作青黄贮饲草料15万吨以上。2020年，全县滩羊饲养量达320万只，羊肉产量2.8万吨，滩羊全产业链产值达64亿元。

二是坚持高价值定位，做亮做响名优品牌。盐池县紧紧围绕"打造一个品牌、造福一方百姓"的战略发展思路，始终把品牌建设作为滩羊产业发展的重中之重，常抓不懈，品牌建设取得长足进步。2000年滩羊被农业部确定为国家级畜禽品种资源保护品种，2005年6月成功注册"盐池滩羊"产地证明商标。2016年"盐池滩羊"地理标志保护产品获得国家质检总局批准。截至2020年底，盐池滩羊肉区域品牌价值达到71.1亿元，滩羊肉已畅销全国28个省（自治区、直辖市）50多个大中城市，"盐池滩羊"品牌效应日益凸显。

三是坚持高效益扶持，做实做细增收文章。在过去5年中，盐池县先后投入各类扶持资金3.5亿元，结合滩羊产业发展实际，逐年探索出台符合农民发展需求的扶持政策：2016年、2017年，重点扶持农民建设标准化圈棚，扩大滩羊养殖规模；2017年、2018年，主要对牧草种植、饲料统一配送、示范户带动进行扶持，提升农民滩羊养殖效益，户均增收1700元；2019年，增强以滩羊集团公司为主的龙头企业的带动能力，稳定增加农民收入，持续发挥脱贫致富作用；2020年，整合各类项目资金1.163亿元，持续推进盐池滩羊标准化生产、质量追溯、品牌宣传保护和市场营销四大体系，建设滩羊文化产业园，支持牧草产业发展，创新线上线下营销模式，以全县74个贫困村为重点，采取整村推进方式，累计与全县16981户养殖户签订滩羊订单养殖协议，其中建档立卡户7677户，累计开展订单收购115万只，每只补助30元，实现滩羊肉优质优价不愁销路，养殖户年人均纯收入增加 120 元以上。

四是坚持高标准培育，做优做活产业主体。盐池县把延伸产业链、提升价值链作为提高盐池滩羊产业整体效益、促进农民增收的主要举措，通过制定土地、税收、项目扶持等优惠政策，大力发展电商物流、休闲旅游、印刷包装等配套产业，推动一二三产业融合发展。目前，盐池全县培育壮大自治区、市级龙头企业 18 家，滩羊养殖合作社、家庭农场近 500 家，滩羊肉网上电商直营店 50 余家。研发滩羊肉系列产品 36 种，开发羊毛系列产品 48 种，年生产盐池滩羊肉加工产品 5200 吨、滩羊毛加工产品 2230 平方米，实现年销售额 12 亿元。

（三）广西柳州螺蛳粉："三个百亿"大产业①

螺蛳粉是柳州特色小吃，因其汤料加入螺蛳熬制而得名。2014 年，广西柳州市颁发首张袋装螺蛳粉生产许可证。短短 6 年，小米粉做成了大产业：2020 年，柳州实现袋装螺蛳粉销售收入 110 亿元、配套及衍生产业销售收入 130 亿元、实体门店销售收入 118 亿元，同时通过一二三产业融合发展，创造就业岗位 30 多万个。

一是堂食小吃，速食生产。柳州螺蛳粉能够走红，关键在于其自身辨识度极高的独特风味抓住了许多人的胃。柳州螺蛳粉配料丰富，具有酸、辣、鲜、爽、烫的口味特点。姜切片，蒜去皮……待锅中油热，将二十几种香辅料与剪尾洗净的螺蛳爆炒，再倒入猪骨汤中熬上几小时，最后调入红红的辣椒油，就成了鲜香四溢的螺蛳汤。一有客人点餐，便可将现煮的米粉、青菜捞入碗中，配上酸笋、酸豆角、木耳、花生、腐竹、黄花菜等，再浇上一瓢酽酽的螺蛳汤，一碗正宗的柳州螺蛳粉便端上了桌。2021 年 5 月，柳州螺蛳粉制作技艺被列入国家级非物质文化遗产代表性项目名录。

---

① 杨彦、邓建胜、祝佳祺：《小小螺蛳粉做成"三个百亿"大产业》，《人民日报》2021 年 6 月 18 日，第 17 版。

从现煮堂食到袋装速食，柳州人瞄准市场需求，坚持在创新供给上下功夫，加快推动螺蛳粉产业化、规模化、品牌化发展，让原先不易储运的螺蛳粉走向全国、出口海外，并成为"网红美食"。据统计，2020年，柳州袋装螺蛳粉销售收入 110 亿元、同比增长 75.74%，年出口总值 3038 万元，是 2019 年出口总值的 35 倍。袋装柳州螺蛳粉生产企业从 2014 年的 1 家发展到 2020 年的 113 家，网上店铺超过 20000 家，螺蛳粉实体店从 10 年前的全国近 5000 家增至现在的 1.8 万多家。

二是营销先行，标准生产。为推动螺蛳粉走出去，2011 年，柳州市政府实施了"螺蛳粉进京"项目。2012 年 5 月，柳州螺蛳粉在中央电视台美食纪录片《舌尖上的中国》亮相。同年起，柳州每年举办一届螺蛳粉美食节，首届美食节上还推出了"万人同品螺蛳粉"活动。这个时期，微博、微信等社交媒体兴起，互联网放大了柳州螺蛳粉的知名度，电商则拓展了流通渠道。

2011 年柳州人严振华尝试制作袋装螺蛳粉。在解决米粉和其他食材的生产问题后，2013 年严振华准备办厂，但在申请食品生产许可证时遇到障碍。根据柳州螺蛳粉的生产工艺和产品特点，在当时的食品生产许可 28 大类食品分类中，没有一个与之完全对应，更没有相应的产品标准。政府部门经过风险评估决定按照"先规范、再提升"的原则，尽快解决袋装螺蛳粉市场准入问题。柳州市食品监督部门的做法是：没有对应类别，就从 28 大类食品类别中选择一个工艺最相近的——方便食品类；没有标准，就指导企业参考方便面等的国家标准，制订方便螺蛳粉食品安全企业标准，将企业产品送样到质检机构，反复检验分析相关数据，最终完成螺蛳粉企业标准的制订。2014 年 10 月，柳州市食品药品监督管理局颁发了全市首张袋装螺蛳粉生产许可证。

2015 年 6 月，柳州市成立柳州螺蛳粉食品安全地方标准编制领导小组，组织起草《食品安全地方标准柳州螺蛳粉》，规定袋装螺蛳粉的用料、包装、产品理化指标、微生物指标等。次年 5 月，这一标准正式施行。2018 年 2 月，柳州螺蛳粉检验检测中心（现为柳州螺蛳粉质量检验中心）挂牌。目前可检测主产品、原辅料、食品包装材料、食品添加剂等9大类别产品，基本覆盖全产业链的检验需求。

三是创新产品，打造品牌。作为柳州率先生产袋装螺蛳粉的企业创始人，严振华经历过日销万袋的高光时刻，也经历过经营低谷。回顾过去，他说"没有及时提升产品"是被人赶超的主要原因。2020年3月，严振华注册了新公司，当年5月投产，大力搞技改，研发新产品，培育品牌，2021年春节后公司每天产量由5000包增至2万多包。"后发赶超"的姚汉霖强调，品牌是企业的核心竞争力，要实现从产品到品牌的转变，不断创新、提升品质，才能在"百花齐放"中"一枝独秀"。目前，在柳州，不少螺蛳粉企业都在为走好品牌化之路持续发力。广西中柳食品科技有限公司与柳州职业技术学院合作，推出口感更醇厚的冲泡型螺蛳粉。在螺霸王公司产品展示厅，各种袋装螺蛳粉琳琅满目，口味有原味、麻辣味、番茄味等，类型有桶冲、盒冲、袋煮等。

在品牌建设方面，柳州市着力打造"柳州螺蛳粉"区域公用品牌。2018年7月，"柳州螺蛳粉"经国家知识产权局核准注册为地理标志证明商标，迄今47家企业获得授权使用。取得地理标志证明商标，意味着确立了"柳州螺蛳粉柳州造"原则，保护了柳州螺蛳粉生产企业的共同利益，也对使用地理标志证明商标的企业提出更为严格的品质要求。

四是优化链条，聚合力量。近年来，柳州市着力推进"编制一个规划、严格一个标准、建设一批产业集聚区、培育一批龙头企业和知名品牌"等"六个一"工程，通过补链延链，集聚发展，推动螺蛳粉全产业链优化升级。目前，柳州市已建成螺蛳粉产业园、螺蛳粉特色小镇、螺蛳粉电商产业园等产业集聚区，吸引原料供应、产品加工、电子商务、物流配送等100多家企业入驻园区。柳州螺蛳粉原材料基地规模已达50多万亩，带动约20万农民增收。

在产业上游，2019年4月，柳州市鱼峰区《柳州螺蛳粉产业核心示范区建设规划》通过专家评审，王眉村被确定为柳州螺蛳粉原料标准化生产示范基地，目前已建成竹笋、水稻、豆角、螺蛳等标准化种养区 5500 亩。距离王眉村不远的白沙酸厂是柳州螺蛳粉产业核心示范区的酸料加工区。柳州螺蛳粉产业园也坐落于这个示范区，迄今入驻投产企业 38 家，日均产量超过 300 万袋。在产业下游，柳州推动"螺蛳粉＋旅游"深度融合，柳州螺蛳粉产业园旅游景区和螺蛳粉特色小镇被评为国家 4A 级景区，进一步延伸了产业链。

如何走好未来的路，推动高质量发展？柳州市政府将坚持一手抓监管规范、一手抓服务扶持。在柳州市政府网站，输入"螺蛳粉"能搜索到 1600 余条信息。既有开展行业专项整治、召开企业约谈会、通报抽检结果等"严管"消息，也有市县政府和相关部门为企业纾困解难、帮一把的"厚爱"新闻。只有各方合力推动全产业链优化升级，柳州螺蛳粉才能迎来更大发展。

四 脱贫地区特色产业发展的困难与挑战

虽然经过十几年的发展，脱贫地区产业发展取得了明显成效，特色产业发展初具规模，但总体而言，脱贫地区产业发展还处于培育成长期，巩固产业发展成果、接续推进乡村产业振兴任务仍有许多困难和挑战需要克服。

（一）脱贫地区特色产业发展路径不清

"人无我有，人有我优，人优我专"是特色产业发展的路径。当前不少脱贫地区特色产业仍然存在思路不清晰、产业结构不合理、产业层次偏低、产业链偏短等诸多问题，没有充分实现"人无我有，人有我优，人优我专"的特色产业迭代升级发展之路。

首先，很多地区没有充分识别"人无我有"的地域特色。我国地域广阔、文化多样，地方自然环境的特殊性和农业生产的独特性衍生出了许多颇具特色的产品，这为"人无我有"的地方特色产业发展提供了重要的物质基础。例如，盐池滩羊就有独特的地域限制，包括盐碱地、滩涂、碱性水、甘草这些独特的环境和物质基础。不过，很多地区往往认识不到本地产品的特殊性或者没有认识到本地具有生产特殊产品的潜质，浪费了地区自然环境和历史文化资源，反而跟风追逐其他地区发展较好的产业，搭其他地区品牌产品的"便车"。

其次，在区域范围内没有做到"人有我优"。地方自然环境的特殊性和农业生产的独特性往往分布于一个较大的区域范围内，例如苹果栽培在全国形成了渤海湾、黄河故道和秦岭北麓、西北西南高原产区，但长期以来我国大部分地区的苹果栽培都存在肥水不足、管理粗放、种植区分布不够合理、品种组成不妥当、贮运能力差等诸多问题。其结果是，产量高但品种单一，单产和品质低，缺乏地方特色。洛川苹果就是在充分发挥自然环境特性，在科学种植和质量安全保障等方面下功夫，在各个环节充分提升果品品质，并通过农产品地理标志保护等措施形成产品特色。

最后，在县域范围内没有充分发挥市场竞争与协作机制，实现"人优我专"。部分地方挖掘了本地特色资源和产品，也形成了一定的产业规模，但存在产业层次偏低、产业链偏短等问题。受家庭传统经营影响，这些地区特色产业规模小而散，形不成规模大户、专户，没有建成基地，规模效益显现不出来，品种多、品牌少、产品少、特色不突出。柳州在螺蛳粉特色产业发展这点上就做得非常出色，充分发挥市场竞争与协作机制，促进企业实现从产品到品牌的转变，不断创新、提升品质，实现螺蛳粉"百花齐放"的局面，同时通过补链延链，集聚发展，推动螺蛳粉全产业链优化升级，建成螺蛳粉产业园、螺蛳粉特色小镇、螺蛳粉电商产业园等产业集聚区，实现了特色产业的专业化发展。

概括而言，地方特色产业发展面临以下挑战：一是资源要素瓶颈依然突出，资金、技术、人才向乡村流动仍有诸多障碍，资金稳定投入机制尚未建立，人才激励保障机制尚不完善，社会资本下乡动力不足；二是乡村网络、通信、物流等设施薄弱，限制了产业的规模化、集约化发展；三是发展方式较为粗放，创新能力总体不强，外延扩张特征不明显；四是产业链条延伸不充分，第一产业向后端延伸不够，第二产业向两端拓展不足，第三产业向高端开发滞后。

（二）脱贫地区特色产业带动效果不强

特色产业发展的核心目标是要坚持以农民为主体，促进小农户和现代农业发展有机衔接，特别是脱贫户与产业之间的有效利益链接，增强脱贫地区内生发展能力，建立农村低收入人口、欠发达地区帮扶长效机制，持续推进脱贫地区发展。但目前由于种种因素的制约，脱贫地区特色产业发展与农户缺乏有机衔接，利益联结松散，农户经营风险明显，导致整体带动效果不强。

其一，特色产业发展与农户缺乏有机衔接，农户难以融入产业发展体系。这主要表现为这样几个方面：一是小农户生产能力弱，物质装备能力、劳动力禀赋和技术创新能力低。由于大量的农村人口外出务工，农村生产人员大多数年龄较大，文化教育水平低，生产技能和装备水平低，无法掌握特色产业发展需要具备的高技能并融入集约化生产流程。二是小农户市场能力弱，在农业生产之外的销售、流通、仓储以及产业链各环节的经营管理能力欠缺，对市场价格波动缺乏应对和预警能力，未形成真正的利益共同体，极易出现违约现象。三是小农户合作能力弱，执行效能低，与市场谈判能力低，结构松散。四是小农户受到自身条件的限制，接收政策信息的能力较差，不知道其从事的产业可以享受有关政策扶持。[①]

其二，农户与相关组织的利益联结松散，农户经营风险明显。研究表明，"公司＋农户"模式的生存时间一般并不长久，契约约束的脆弱

---

① 周大龙：《浅谈小农户与现代农业有机衔接存在的问题与对策——以郎溪县建平镇为例》，《安徽农学通报》2020 年第 10 期，第 118—135 页。

性和协调上的复杂性是其内在缺陷。尽管政府对利益联结机制建设的重视程度不断提高，实践中紧密型利益联结形式越来越多，但总体进展仍存在不少问题，表现在三个方面：一是依据市场机制，工商企业一次性买断式支付农民要素或产品价格的利益分配方式往往是最优的，因而在没有相应的激励作用下，企业较难有动力让利于农民；二是地方政府在引导龙头企业与农民建立利益分配机制时往往忽视了利益保障机制的建设，特别是对违约方缺乏有效的制衡机制，惩罚措施或惩罚力度尚不能起到制约作用；三是利益分配机制不合理，存在政府过度调节现象，例如在一些工商企业跑路后的事例中，很多政府会为企业背书，这一做法扭曲了要素和产品的正常市场价格，干扰了利益分配机制的市场化形成。[①] 此外，由行政力量推进的小农户合作，多数都由于没有业务精英带头或持续业务开展而流于形式，部分合作社成立的目的是获取国家政策优惠或项目支持，并未真正带动小农户从提高管理水平、引进先进技术方面提高效益。

总的来看，脱贫地区特色产业发展带动效果不强，农户、企业或合作社以及政府三方均存在问题，只有破解这些问题才能促进特色产业发展，惠及广大农户。

五 讨论与建议

（一）小结与讨论

21世纪以来，我国特色产业发展经历了2002—2011年特色农业规划性发展阶段和2012—2020年由特色农业向特色产业全面迈进阶段，2021年开始特色产业进入持续发展阶段。经过前两个阶段的发展，在中央及各省市政府有力的政策支持下，我国特色产业发展初具规模并形

[①] 钟真：《完善利益联结机制，构建企农双赢共同体》，《农民日报》2020年1月11日，第3版。

成了明确的发展方向。脱贫地区特色产业经过多年扶持，形成了一大批特色鲜明的扶贫产业，带动了一大批贫困户增收脱贫，培育了一大批产业发展带头人，引进了一大批企业和科技专家，积累了一大批发展设施。各地因地制宜发展"一村一品"，做强了特色主导产业，为促进脱贫攻坚、乡村产业振兴提供了有力支撑。但总体来看，目前脱贫地区产业发展还处于培育成长期，巩固产业扶贫成果、接续推进乡村产业振兴任务十分艰巨。

党中央、国务院为特色产业尤其是脱贫地区特色产业发展提供了强有力的顶层政策设计，为产业发展指明了方向。《中华人民共和国乡村振兴促进法》确定了以农民为主体，以乡村优势特色资源为依托，促进小农户和现代农业发展有机衔接的发展目标，市场资源配置与政府规划相结合、因地制宜与循序渐进相结合两大指导原则，以及确保农民利益、合理使用土地和保护环境三大发展要求。《全国乡村产业发展规划（2020—2025年）》从产业链构建、集聚发展和品牌培育三个方面拓展特色产业，明确了以特色产业推进产业扶贫的发展路径。《关于推动脱贫地区特色产业可持续发展的指导意见》进一步细化了脱贫地区特色产业发展带动的举措，并从特色产业提升行动、稳定并加强产业扶持政策、强化产业发展服务支撑、强化组织保障等四个方面确保脱贫地区特色产业发展的目标任务。

本章以陕西洛川苹果、宁夏盐池滩羊和广西柳州螺蛳粉三个脱贫地区特色产业发展作为典型案例。总结而言，典型案例给予脱贫地区特色产业发展带动有三个方面启示：一是通过土地整合、技术提升、生产标准化等实现集约化发展，三个案例均表明集约化发展需要地方长期不懈的投入；二是通过制定土地、税收、项目扶持等优惠政策，大力发展电商物流、休闲旅游、印刷包装等配套产业，延伸和补充产业链，推动一二三产业融合发展，形成全产业链发展模式，这不仅可以有效提升产品附加值，提高特色产业整体效益，还成为促进农民增收的主要举措；三是培育产业品牌，坚持高价值定位，做亮做响名优品牌，其中，取得地理标志证明商标、打造区域公用品牌是三个案例的共同做法。

虽然经过十几年的发展，脱贫地区特色产业发展取得了明显成效，但目前仍存在脱贫地区特色产业发展路径不清晰、带动效果不强等困境。就发展路径不清而言，"人无我有，人有我优，人优我专"的现代特色产业发展的路径背后体现的是政府治理能力，提高资源尤其是稀缺资源的配置效率的能力至关重要。刘蓝予和周黎安基于洛川苹果产业崛起的分析发现，顺应市场经济的竞争原则并兼容官场竞争的晋升激励，是产业政策成功的必要条件。他们认为，对于经济欠发达地区来说，将地方政府所掌握的人力资源、声誉资本和政策资源等稀缺要素注入特色产业发展中，通过立足市场的产业政策定位、专业化的组织推动、市场环境的优化建设、持续的政策执行与完善，以及地方政府与多元市场、社会主体的协调合作，有效赋能当地特色产业的市场竞争力，是实现经济弯道赶超的一条可行路径。①

当前，脱贫地区特色产业发展面临难得机遇：一是政策驱动力增强，中央政府坚持农业农村优先发展方针，加快实施乡村振兴战略，更多的资源要素向农村聚集，新基建改善农村信息网络等基础设施，城乡融合发展进程加快，脱贫地区产业发展环境优化；二是市场驱动力增强，消费结构升级加快，城乡居民的消费需求呈现个性化、多样化、高品质化特点，休闲观光、健康养生消费渐成趋势，脱贫地区特色产业发展的市场空间巨大；三是技术驱动力增强，世界新科技革命浪潮风起云涌，新一轮产业革命和技术革命方兴未艾，生物技术、人工智能在农业中广泛应用，5G、云计算、物联网、区块链等与农业交互联动，新产业新业态新模式不断涌现，引领特色产业转型升级。②

---

① 刘蓝予、周黎安：《县域特色产业崛起中的"官场 + 市场"互动——以洛川苹果产业为例》，《公共管理学报》2020 年第 2 期，第 116—127 页。

② 《农业农村部关于印发〈全国乡村产业发展规划（2020—2025 年）〉的通知》，中华人民共和国农业农村部网站，2020 年 7 月 16 日，http：//www. moa. gov. cn/govpublic/XZQYJ/202007/t20200716_6348795. htm。

（二）对策与建议

针对当前脱贫地区特色产业发展带动面临的问题，本章提出如下对策与建议。

一要厘清工作思路，清晰识别本地特色，促进农业特色产业错位发展、合理布局。政府部门要把发展特色产业作为推动乡村振兴战略的根本举措，以产业振兴推动乡村振兴。要立足实际，科学规划，结合本地自然环境和历史文化特征，认真分析本地地域资源特点，高起点、高标准做好特色产业规划工作，逐步迈向"人无我有，人有我优，人优我专"的特色产业发展路径。

二要以增强产业效益为目标，促进农业特色产业融合发展、增收惠民。要积极推动农产品精深加工，加强建设深加工、冷链物流等基础设施，吸引加工企业集聚，打造以农产品精深加工为特色的产业园区，促进特色农业生产全环节升级、全链条升值。要加强品牌建设，通过互联网、新媒体加强品牌宣传推介，提高特色农产品知名度。完善农产品质量安全监测体系建设，鼓励开展绿色有机食品认定，提高特色农产品质量安全标准。要坚持市场化发展理念，加快发展电子商务，降低成本，提高效率，以电子商务带动市场化、倒逼标准化。

三要以培育经营主体为抓手，促进特色产业多元发展、利益共享。要培育壮大龙头企业。一方面，要构建良好的产业生态圈。龙头企业要主动创新产业组织模式，打造综合运营平台，带动农民合作社、家庭农场和广大小农户各展所长、分工协作，形成共创共享、共荣共生的产业生态圈。另一方面，要引导建立多元利益联结机制，支持龙头企业发展"公司＋农户""公司＋基地＋农户"模式，并与农户之间采取保底收购、订单挂钩、股份合作等形式，建立紧密的利益联结机制，实现利益共享。

四要以强化要素保障为基础，促进农业特色产业健康发展、提质增效。坚持多措并举，研究落实各项保障措施，逐步增强特色产业投资者和经营者信心。一是加强资源整合，将农业开发、水利投资、基地建设等各类支农资金集中投向符合区域发展规划、发展前景好的特色产业项目，并制定科学的评定标准，通过以奖代补提高资金使用效率。二是加强科技人才支撑，主动为特色产业发展提供技术指导，积极与高等院校、科研院所深化合作，加快新品种、新技术的引进和应用，配强配齐专业人才，保证特色产业管理人才配备到位。三是加强用地保障，探索开展低效农用地处置工作，通过建立土地流转联席会议制度，对用地达到一定面积的农业项目进行可行性论证，严把项目环保、技术、投入、产出等关口，对征而不用、多征少用的土地进行整合，不断提高农业用地亩均效益；同时，积极为符合条件的经营主体争取农业设施用地指标，保护农业经营主体创业热情。

第四章　促进脱贫人口稳定就业

就业是民生之本，是人民群众改善生活的基本前提和基本途径。党的十八大以来，以习近平总书记扶贫开发思想为遵循，贯彻党中央、国务院打赢脱贫攻坚战决策部署，通过实施就业优先政策，构建了上下协同、部门联动的就业扶贫工作体系，取得巨大的成绩，全国脱贫攻坚任务已经完成。但是，我国脱贫人口点多面广、基数庞大，脱贫致富的根基尚在巩固提升阶段，守住脱贫攻坚成果面临巨大压力，必须把防止返贫摆到更加重要的位置。促进脱贫人口稳定就业既是防止返贫重要手段，也是巩固脱贫攻坚成果的基本措施。

一　背景与形势

新中国成立以来，中国共产党始终把解决贫困人口的温饱问题作为一项重要任务，致力于在推动经济社会整体发展进程中解决贫困问题，并开启了有组织、有计划、大规模的农村扶贫开发进程，逐步走出了一条具有中国特色的扶贫开发道路。党的十八大以来，以习近平同志为核心的党中央把脱贫攻坚摆在治国理政的突出位置，作为实现第一个百年奋斗目标的重点任务，纳入"五位一体"总体布局和"四个全面"战略布局，作出一系列重大部署和安排，全面打响脱贫攻坚战。到2020年，我国现行标准下农村贫困人口全部实现脱贫，贫困县全部摘帽，区域性整体贫困得到解决。① 困扰中华民族几千年的绝对贫困问题历史性

---

① 《中共中央　国务院关于实现巩固拓展脱贫攻坚成果同乡村振兴有效衔接的意见》，中国政府网，2021 年 3 月 22 日，http://www.gov.cn/zhengce/2021－03/22/content_5594969.htm。

地得到解决，脱贫攻坚成果举世瞩目。

（一）脱贫攻坚时期就业扶贫取得重大成果

脱贫攻坚期间，我国全面实施的各项精准扶贫精准脱贫方略对于消除贫困发挥了巨大的作用，与直接帮扶、项目建设扶贫、综合开发扶贫、产业扶贫、医疗扶贫、移民扶贫等多种扶贫方式相比，就业扶贫的作用更加直接、有效。就业是民生之本，习近平总书记多次强调，脱贫攻坚贵在精准，重在精准，注重扶贫同扶志、扶智相结合，激发贫困群众的内生动力；一人就业，全家脱贫，增加就业，是最有效、最直接的脱贫方式，长期坚持还可以有效解决贫困代际传递问题。[①] 2015 年以来，人社部、国务院扶贫办贯彻脱贫攻坚总体部署，会同各地区、各部门全力促进贫困劳动力就业创业，助力决战决胜脱贫攻坚，通过实施就业优先政策，构建了上下协同、部门联动的就业扶贫工作体系，取得巨大的成绩：一是助力全面脱贫。90% 以上建档立卡贫困人口得到了产业扶贫和就业扶贫支持，2/3 以上主要靠外出务工和产业脱贫。二是推动产业发展。累计建设扶贫车间 32688 个，培育贫困村创业致富带头人 41 万多人，各类经营主体 21.4 万个，既促进贫困劳动力家门口就业，也为乡村地区产业长远发展筑牢了根基。三是构建了针对乡村地区就业困难群体的帮扶体系。扶贫车间吸纳贫困人口家门口就业 43.7 万人；创业致富带头人带动 406 万贫困人口增收；开发保洁、保安、造林绿化、助残、托幼等各类公益性岗位安置 496.3 万贫困人口。[②] 可见，在脱贫攻坚期，我国通过构建就业扶贫工作体系，把贫困劳动力稳岗就业和贫困地区整体脱贫、社会经济稳定持续发展结合起来，取得了重大

[①] 《在东西部扶贫协作座谈会上的讲话》（2016 年 7 月 20 日），载于《习近平扶贫论述摘编》，中央文献出版社，2018，第 104 页。

[②] 《到 10 月底全国外出务工贫困劳动力 2973 万人 超去年全年》，国务院新闻办公室网站，2020 年 11 月 19 日，http://www.scio.gov.cn/xwfbh/xwbfbh/wqfbh/42311/44258/zy44262/Document/1692712/1692712.htm。

的成果。

（二）脱贫人口稳定就业仍是巩固提升脱贫成果的重要途径

促进就业是增强贫困群众自主发展能力、持续巩固脱贫成果的重要手段。脱贫攻坚的伟大实践，充分展现了我们党领导亿万人民坚持和发展中国特色社会主义创造的伟大奇迹，充分彰显了中国共产党领导和我国社会主义制度的政治优势。[①] 全国脱贫攻坚任务已经完成，全国 832个贫困县全部脱贫摘帽，按照现行标准农村贫困人口绝大多数实现脱贫。但是仍要认识到，我国脱贫人口点多面广、基数庞大，脱贫致富的根基尚在巩固提升阶段，守住脱贫攻坚成果面临巨大压力。目前我国仍有一些脱贫人口存在返贫风险，一些边缘人口存在致贫风险，因此必须把防止返贫摆到更加重要的位置。巩固拓展脱贫攻坚成果，牢牢守住不发生规模性返贫的底线是当前过渡期内脱贫地区农村工作的首要任务。农村脱贫人口稳定就业是巩固脱贫攻坚成果的重要内容，巩固就业扶贫成果并持续发挥其辐射带动效应对于脱贫人口生计脆弱性和提高脱贫劳动力质量有显著的作用。第一，稳岗就业能够大大降低农村贫困家庭脱贫之后在未来再次陷入贫困的概率，增强其脱贫的稳定性。第二，稳岗就业提高了脱贫群体的家庭收入，通过就业能最直接持续地改善贫困家庭的生活状况。第三，政府持续的就业帮扶工作，例如对脱贫群体的就业培训和指导以及创业意识的培养，能够激发脱贫人口的内生动力，增加其就业和创业的能力，增强其脱贫的稳定性。

（三）巩固提升脱贫成果阶段对脱贫人口稳定就业提出了新的要求

乡村振兴战略接续脱贫攻坚战略，已经成为未来一定时期内解决我

[①] 《中共中央　国务院关于实现巩固拓展脱贫攻坚成果同乡村振兴有效衔接的意见》，中国政府网，2021 年 3 月 22 日，http://www.gov.cn/zhengce/2021-03/22/content_5594969.htm。

国"三农"问题的主导战略。乡村振兴战略是中共中央基于对新时期我国经济社会发展要求和"三农"问题重点转变的准确研判提出的重要战略决策。乡村振兴战略接续精准扶贫战略,与以往的"三农"战略有所不同,对该阶段的就业帮扶工作提出新的要求和目标。乡村振兴战略的关注点从生存需求满足转移到发展需求满足,更注重贫困人口脱贫的长期性和稳定性,强调"农业全面升级、农村全面进步、农民全面发展"目标的实现。乡村振兴战略新的目标要求引领着脱贫人口稳就业发展方向的转变。在乡村振兴战略目标引导下,脱贫成果巩固提升与乡村振兴有效衔接对脱贫人口稳定就业提出了新的要求:脱贫人口稳定就业一方面促进防贫效应的发挥,另一方面应该更关注贫困人员内在脱贫致富动力的激发、人力资本的提升以及贫困家庭发展需求,紧密围绕乡村经济、社会事业发展、农村产业结构调整、推进城乡一体化进程以及农民外出务工的需要,从提高农村实用人才的基本职业技能出发,多层次、全方位地开展农村人才工作,充分利用人才技能培训资源,为乡村振兴提供技术及人才支持。坚持良性循环,在全面推进乡村振兴中创造更多就业机会,以促进更加充分更高质量就业,为乡村振兴提供强大人力资源支撑。[①]

二　促进脱贫人口稳定就业的政策设计

中国扶贫脱贫方面取得的成就和经验,为全球减贫事业贡献了中国智慧和中国方案,彰显了中国共产党领导和我国社会主义制度的政治优势。打赢脱贫攻坚战、全面建成小康社会后,要进一步巩固拓展脱贫攻坚成果,接续推动脱贫地区发展和乡村全面振兴,为实现巩固拓展脱贫攻坚成果同乡村振兴有效衔接,2020年12月16日,中共中央、国务院

[①] 《关于切实加强就业帮扶巩固拓展脱贫攻坚成果助力乡村振兴的指导意见》,中华人民共和国人力资源和社会保障部网站,2021年5月4日,http://www.mohrss.gov.cn/xxgk2020/fdzdgknr/zcfg/gfxwj/jy/202105/t20210507_414215.html。

出台了《关于实现巩固拓展脱贫攻坚成果同乡村振兴有效衔接的意见》，对我国巩固脱贫攻坚成果期间的工作做出了整体部署。2021 年 5 月 4 日，人力资源和社会保障部、国家发展和改革委员会、财政部、农业农村部、国家乡村振兴局出台了《关于切实加强就业帮扶巩固拓展脱贫攻坚成果助力乡村振兴的指导意见》，对持续做好脱贫人口、农村低收入人口就业帮扶的具体工作做出精细缜密的顶层设计。针对当前国内外复杂多变的经济环境，为了促进脱贫人口稳岗就业，国家相继出台《国家乡村振兴重点帮扶地区职业技能提升工程实施方案的通知》《关于延续实施部分减负稳岗扩就业政策措施的通知》《关于开展易地扶贫搬迁安置区就业协作帮扶专项活动的通知》等多项涉及就业培训、返岗就业、易地扶贫搬迁安置区就业帮扶的政策文件，为巩固脱贫关键期稳岗就业的具体工作指明了方向。从国家层面看，这些重要文件和相关政策方案对新时期稳定就业进行了重点论述，为各地巩固拓展就业扶贫成果提供了行动指南。

（一）坚持以人民为中心的思想，为巩固脱贫成果和乡村振兴提供强大支撑

《关于切实加强就业帮扶巩固拓展脱贫攻坚成果助力乡村振兴的指导意见》指出：要严格落实"四个不摘"要求，按照"平稳过渡、扩面提质、拓展延伸、协同联动"的原则，保持脱贫人口就业领域的扶持政策、资金支持、帮扶力量总体稳定；在困难帮扶、兜底保障的基础上，扩大就业帮扶覆盖范围，把农村低收入人口纳入就业帮扶范围，提高就业帮扶水平，提升就业质量，在全面推进乡村振兴中创造更多就业机会。

这表明我国在促进脱贫人口稳定就业的顶层设计中坚持了帮扶政策的持续性和连续性。过渡期内在巩固拓展脱贫攻坚成果上下更大功夫、想更多办法、给予更多后续帮扶支持，对脱贫县、脱贫村、脱贫人口扶上马送一程，确保脱贫群众不返贫。在主要帮扶政策保持总体稳定的基

础上，分类优化调整，合理把握调整节奏、力度和时限，增强脱贫稳定性。

（二）以脱贫人口充分就业为主要目标，为巩固脱贫成果和乡村振兴强化内生动力

《关于切实加强就业帮扶巩固拓展脱贫攻坚成果助力乡村振兴的指导意见》提出，要帮助有就业意愿的未就业人员实现就业，帮助已就业人员稳定就业，保持脱贫人口就业规模总体稳定。加大易地扶贫搬迁安置区、乡村振兴重点帮扶县等重点地区倾斜支持力度，促进当地群众就业水平稳中提质。及时为农村低收入人口提供就业帮扶，使有就业意愿的都可以得到就业服务和技能培训，符合条件的都可以享受就业政策，农村低收入人口就业帮扶长效机制日益健全完善。

这表明我国在促进脱贫人口稳定就业的顶层设计中坚持扶志扶智相结合。为防止政策养懒汉和泛福利化倾向，把就业服务和技能培训作为重点，有利于提高脱贫人口的人力资本水平。通过专业的知识和技能培训提高脱贫人口的就业能力，激发稳定脱贫的能动性、积极性和主动性，激励有劳动能力和意愿的低收入人口勤劳致富。

（三）以就业为重点，为巩固脱贫成果和乡村振兴建立长效机制

《关于切实加强就业帮扶巩固拓展脱贫攻坚成果助力乡村振兴的指导意见》明确提出三个方面 12 条具体措施。

稳定外出务工规模。积极推进劳务输出，对面向脱贫人口开展有组织劳务输出的人力资源服务机构给予就业创业服务补助，对跨省就业的脱贫人口给予一次性交通补助。促进稳定就业，落实失业保险稳岗返还、培训补贴等政策，引导支持优先留用脱贫人口。强化劳务协作，充分发挥对口帮扶机制作用，搭建完善用工信息对接平台，推广使用就业帮扶直通车，建立常态化的跨区域岗位信息共享和发布机制。培育劳务

品牌，结合本地区资源禀赋、文化特色、产业基础等优势，借助品牌效应扩大劳务输出规模，提高劳务输出质量。

支持就地就近就业。支持产业发展促进就业，依托乡村特色优势资源增加就业岗位。继续发挥就业帮扶车间、社区工厂、卫星工厂等就业载体作用，在脱贫地区创造更多就地就近就业机会。引导农民工等人员返乡入乡创业、乡村能人就地创业，帮助有条件的脱贫人口自主创业，按规定落实税费减免、场地安排、创业担保贷款及贴息、一次性创业补贴和创业培训等政策支持。给予税费减免、场地支持、社会保险补贴等支持，扶持多渠道灵活就业。保持乡村公益性岗位规模总体稳定，加大各类岗位统筹使用力度，用好乡村公益性岗位。

健全就业帮扶长效机制。把就业服务功能作为村级综合服务设施建设工程重要内容，优化提升就业服务。精准实施技能提升，激发劳动致富内生动力。倾斜支持重点地区，将乡村振兴重点帮扶县、易地扶贫搬迁安置区作为重点地区，积极引进适合当地群众就业需求的劳动密集型、生态友好型项目或企业，扩大当地就业机会，组织专项就业服务活动，实施集中帮扶。

这些措施充分表明我国在促进脱贫人口稳定就业的顶层设计中坚持消除绝对贫困的底线思维。着力解决巩固脱贫攻坚成果的薄弱环节，守住巩固脱贫成果底线，为乡村振兴发展奠定坚实基础。紧盯就业领域关键环节和突出问题，瞄准重点地区、重点行业和重点群体，制定更加精准有效的举措，因地因企因人强化分类帮扶援助，为巩固脱贫成果和乡村振兴建立长效机制。

三　促进脱贫人口稳定就业的典型案例

脱贫攻坚取得胜利后，全面推进乡村振兴已成为新发展阶段的重大使命。党中央、国务院制定出台多个重要文件，对巩固拓展脱贫攻坚成果同乡村振兴有效衔接作出全面部署安排。国家人社部明确要求，巩固拓展就业脱贫攻坚成果、全面推进乡村振兴，重点是"一个不变、两个强化"。一个不变，就是贯彻中央"四个不摘"总体要求，保持帮扶政策、资金支持、帮扶力量总体不变；两个强化，就是强化就业促进，强化技能提升。根据国家文件精神，各地相继出台政策实施的指导意见，结合各地的实际情况，对持续做好脱贫人口、农村低收入人口就业帮扶作出具体安排。

（一）重庆市：激发内生动力巩固拓展就业扶贫成果

如何巩固拓展脱贫攻坚成果同乡村振兴有效衔接，成为重庆人社部门探索创新实践的一项重大"命题"。重庆市人力社保局在全国率先出台《巩固拓展人力社保脱贫攻坚成果同乡村振兴有效衔接实施方案》，将持续实施就业创业增收、职业技能提升、乡村人才开发、社会保险扩面提质、定点帮扶暖心"五大行动"，计划到 2025 年，全市脱贫人口就业形势总体平稳，就业规模保持在 76 万人以上，国家重点帮扶县就业帮扶基地和市级重点帮扶乡镇就业帮扶车间实现全覆盖。重庆总体按照"一个不变、两个强化"的基本方略，坚决守住巩固拓展脱贫攻坚成果的底线，助力乡村振兴有序推进。据统计，截至 2021 年 9 月，重庆市脱贫人口就业达到 76.9 万人，超过 2020 年底就业规模 1 个百分点，高于全国平均水平，4 个国家乡村振兴重点帮扶县和 8 个市级重点帮扶区县脱贫人口就业规模全部超过上一年。[①] 重庆巩固就业扶贫成果的主要举措如下。

1. 就业帮扶车间促进就近就地就业

为深入实施乡村振兴战略，重庆市着力拓宽就近就业渠道，发展就业帮扶车间等就业载体，鼓励返乡入乡创业，扶持多渠道灵活就业，促进脱贫人口就近务工增收。在延续奖补政策支持基础上，创新开展车间

---

① 张志银：《【重庆】巩固脱贫成果　端稳就业饭碗　为脱贫人口托起稳稳的幸福》，国家乡村振兴局网站，2021 年 9 月 8 日，http：∥www.cpad.gov.cn/art/2021/9/8/art_5_191615.html。

产品展销会、网络直播带货、企业采购牵线等活动，拓宽产品销售渠道，支持就业帮扶车间健康发展，助力乡村振兴。目前，全市共建成就业帮扶车间473个，吸纳就业9986人，其中脱贫人口4121人。

2. 鲁渝劳务协作帮扶提质增效

为着力深化鲁渝劳务协作，2021年，重庆市会同山东省人社厅制定《鲁渝劳务协作"十四五"规划》，健全对接机制，畅通就业信息，拓展劳务协作领域。具体来讲，通过做实鼓励创业带动、开展技能培训、深化技工教育合作、推动人才交流4项举措，实施鲁渝"春风送岗"招聘对接计划、"点对点"有组织输出计划、劳务品牌培育计划、创业引领计划、农村劳动力技能提升计划等项目，拓展劳务协作领域，不断升级鲁渝劳务协作。据统计，截至2021年9月，山东帮扶重庆市农村劳动力就业3501人，已超过2021年全年目标任务，其中，帮扶脱贫人口就业1820人，完成年度目标任务的120%。

3. 技能培训激发就业新动力

为进一步提高脱贫人口的劳动技能和就业能力，重庆市实施了职业技能提升行动，全力落实培训和生活费补贴。全市将乡村振兴职业技能培训作为职业技能提升行动的重要内容，继续推进农民工稳就业培训计划，加大脱贫人口培训力度，开展质量年活动，进一步增强职业技能培训的针对性、实效性。据统计，2021年上半年，重庆市新开发特色职业（工种）32个，培训在岗农民工4.1万人次、农村转移劳动者8.5万人次。同时，启动重点帮扶地区职业技能提升工程，支持乡村振兴重点帮扶区县建设职业培训机构、高技能人才培训基地和技能大师工作室，培养一批高技能人才和乡村工匠。

4. 人才助力产业增加就业渠道

重庆把乡村人才开发工作与就业工作联动起来，发挥高层次人才助力乡村振兴、服务基层发展的引领支撑作用，不断增强乡村发展活力，创造更多"田间地头"的就业岗位，拓展农民的增收渠道。为此，重庆市加大高层次人才服务力度，通过畅通人才通道、树立人才典型和培育人才队伍，建立专家服务基地和服务团队，开展专家服务下基层活动，助力当地产业发展。2020 年以来，创建国家级专家服务基地 5 个，设立市级专家服务基地 16 个，组建专家服务团队 101 个，选派 699 名专家，定点、定人、定期到全市 35 个区（县）服务。同时，加大本地人才支持力度。2020 年以来，招募 1000 余名"三支一扶"大学生到基层工作，招聘近 2800 名高校毕业生到基层事业单位就业，对艰苦边远地区、乡村振兴重点帮扶区县，招募（招聘）名额予以倾斜，招募（招聘）条件适当放宽。在加大乡村人才后勤保障力度方面，重庆市推进基层事业单位建立等级晋升制度，加强专业技术人才职称评审工作，完善落实乡镇工作补贴、高定工资等政策，引导各类人才向乡村振兴重点帮扶区县和乡镇流动。

（二）贵州铜仁市："三个三"做实东西部协作稳岗就业[①]

为深入贯彻落实习近平总书记关于东西部协作系列重要讲话精神和新阶段中央关于开展东西部协作重大战略决策部署，全面推进《"十四五"时期粤黔东西部协议》《"十四五"时期莞铜东西部协议》落地落实，东莞、铜仁两地人社部门高效联动，围绕"链群对接、校企合作、政企叠加、双向循环"的十六字方针开展了一系列卓有成效的实践和探索，通过建立三项机制、实施三大项目、搭建三个平台"三个三"举措，有力有序推进两地劳务协作稳岗就业工作。

1. 建立"三项机制"抓落实

一是建立劳务双向帮扶机制。积极鼓励、引导两地人力资源服务机构构建合作关系，共同做好服务企业与劳务输出工作。两地人力资源服务机构之间通过建立合作关系，累计输出劳动力就业 17203 人。二是建立政企叠加双向服务机制。东莞各镇（街道）把吸纳铜仁籍脱贫劳动

---

① 　张琼文：《贵州铜仁："三个三"做实东西部协作稳岗就业工作》，国家乡村振兴局网站，2021 年 8 月 26 日，http：//www.cpad.gov.cn/art/2021/8/26/art_42_191446.html。

力较为集中的用工企业作为重点服务对象，积极落实援企稳岗、减税降费、扶持补贴等优惠政策，以稳企带动稳岗。三是建立信息交互长效机制。建立两地共同做好用工情况、招聘信息、务工人员跟踪管理服务等各项信息互通机制，东莞负责收集本地企业用工信息，铜仁市负责收集劳动力外出就业意愿，有针对性地开展"人岗匹配"就业服务。截至2021年9月，铜仁市向东莞市提供劳动力就业意愿信息2677条，东莞市向铜仁市提供就业岗位信息81000余个。

2. 实施"三大项目"助提升

一是援建"高技能实训与双创孵化基地"项目。在东莞市帮助下，铜仁市创建一个涵盖技能培训、创新创业孵化、人力资源服务等功能的高技能实训与双创孵化基地，着力提升铜仁市劳动者就业创业能力。二是实施"1+1+1"技工教育项目。由东莞市人社局协调一家技工院校向铜仁籍脱贫家庭招收30名初中应届毕业生免费就读，毕业后推荐工作，实现脱贫家庭稳定就业。2021年7月15日，铜仁市人社局与铜仁市教育局联合印发《关于做好东莞市技师学院"铜仁班"2021年招生工作有关事项的通知》（铜人社通〔2021〕66号），正式启动招生工作。三是实施技能提升培训项目。深入实施"粤菜师傅""广东技工""南粤家政"三项培训工程，培养一批技能人才，打造"铜仁技工"品牌，促进劳动力实现高质量就业。

3. 搭建"三个平台"促就业

一是搭建联合招聘平台。两地人社部门以"铜往东莞就在云聘"为主题，联合开展线上线下系列招聘活动。截至目前，两地已累计举办招聘活动20场，提供就业岗位90736个，促进就业2507人。二是共建劳务输出平台。通过开通"劳务协作直通车"，依托两地劳务协作站、人力资源公司、劳务公司等，将有意愿到莞就业劳动力集中组织输出就业。三是共建链群对接平台。围绕东莞产业优势，积极推动东莞园区、镇（街道）的重点产业企业与铜仁市各类院校深度对接，打造产业链对接专业群的"链群对接"模式，将东莞产业发展的人才需求提前嵌入铜仁市院校人才培养链条，通过采取"冠名班"、新型学徒制、订单培养等合作方式，使产业需求与劳务输出更有针对性、更实效和长效地对接。

（三）河南省山阳县：健全易地扶贫搬迁后续扶持政策

山阳县地处秦岭南麓，属秦巴山集中连片特困地区，是国家扶贫开发工作重点县、革命老区县，全省11个深度贫困县之一。多数农村生态环境脆弱、生活条件艰苦，交通条件差，距离城镇远，就医就学就业难，可持续发展潜力有限。"十三五"以来，山阳县坚持将易地扶贫搬迁作为偏远山区群众"挪穷窝、拔穷根"的根本途径，共建成易地扶贫搬迁集中安置点55个，实施易地扶贫搬迁12472户52785人，圆满完成易地扶贫搬迁目标任务。为切实解决搬迁群众融入新环境、实现新发展问题，不断巩固拓展脱贫攻坚成果，全面推进乡村振兴战略，山阳县深入贯彻落实习近平总书记来陕考察时重要讲话精神和中央、省、市文件要求，把后续扶持作为巩固脱贫成果、提升脱贫质量的重要内容，以"1+7"政策体系为指导，以产业就业为重要抓手，多措并举，不断拓宽搬迁群众就业渠道，增加收入来源，推动巩固拓展脱贫攻坚成果同实施乡村振兴有效衔接。

1. 做实顶层设计

健全的易地扶贫搬迁后续扶持政策是搬迁群众稳得住的"推进器"。山阳县坚持把做好顶层设计作为"十四五"时期后续扶持工作的首要任务，制定出台了《山阳县加强和完善易地扶贫搬迁后续扶持工作实施方案》《关于加强和完善易地扶贫搬迁后续产业支撑体系的实施意见》《关于加强易地扶贫搬迁贫困劳动力就业服务的实施意见》《关于全面推动易地扶贫搬迁后续扶持工作落地落实的实施意见》等7个实施意见，编制了包含《山阳县易地搬迁安置点贫困劳动力就业帮扶指导意见》《山阳县易地扶贫搬迁后续帮扶工作管理办法》等4大类26条制度、办法、意见的《政策汇编》，为推动易地扶贫搬迁工作指明了方向、提出了办法、明确了任务责任，也从制度层面为搬迁群众尽快融入新环境、实现全面发展给予了保障。

2. 做好动态监测

全面准确做好搬迁劳动力就业帮扶指导工作，需要全面摸清劳动力就业状况、就业底数。山阳县坚持精准严实的工作作风，持续开展劳动力就业动态监测，建立了"一库五册"（贫困劳动力名册、就业培训人员名册、转移就业人员名册、自主创业人员名册、公益性岗位安置人员名册），做到了人员底数清、就业状态清、劳动力能力清、就业意愿清、培训需求清。依托信息化管理平台，分点分类健全了55个易地扶贫搬迁安置点帮扶信息台账和信息库，定期更新脱贫劳动力就业状况，统计分析劳动力就业发展趋势，及时发现并消除劳动力就业风险，全力落实未就业劳动力家庭动态清零。

3. 多举措保持就业稳定

一是社区工厂带动门口就业。坚持把大办社区工厂（车间）作为带动搬迁群众就业增收的重要途径，大力推进"山上兴产业、山下建社区、社区办工厂"模式，利用安置小区闲置的门面房，在全县55个易地搬迁安置点配套建设社区工厂（车间）90个，培育国家级就业扶贫基地1家，省级就业扶贫基地3家，市级社区工厂7家，市级就业扶贫基地3家。针对安置社区留守妇女较多，外出务工意愿不强，通过市场难以就业的情况，重点引进技术门槛低、用工量大的项目，通过短期岗前培训实现家门口就业。

二是搭建就业平台，鼓励自主创业。建立县、镇、村、点（安置点）四级移民搬迁就业扶持体系，把镇办创业中心建设同易地搬迁贫困劳动力就业工作有机结合，在人口规模相对集中且创业硬件条件较好的中村镇、高坝店镇、漫川关镇、城关街办等镇建成并运行标准化创业中心19个（县级1个、镇级18个）。在每个安置点设立就业服务窗口和劳务工作站，在19个800人以上的大中型安置点组建了11个县级就业帮扶工作队，聘用了44名专职就业服务业务员，优化物业公司服务职能，引进人力资源公司。在 36 个 800 人以下的小型安置点组建了 67 个镇级就业帮扶工作队，聘用了 53 名兼职就业服务业务员，为搬迁群众提供一站式就业扶持服务。

三是发掘回乡能人，带动群众就业。充分挖掘当地回乡能人的故土情怀，提升其带领搬迁群众干事创业的热情，通过一定的优惠政策和奖励措施，将回乡能人与当地群众牢牢捆绑在一起，形成血肉相连的利益连接机制。

四是强化技能培训，提升就业技能。把开展技能培训作为提升搬迁群众就业能力的有效途径，以易地扶贫搬迁劳动力就业状况摸底调查信息数据为基础，精准掌握搬迁劳动力的技能水平、培训需求、岗位需求、就业意向等状况，按照"因人施训、因产施训、因岗定训"的原则，大力推广订单型、定向型、岗前型、代训型等就业培训。

五是合理开发公岗，兜底保障就业。公益性岗位是政府帮扶就业困难人员的一种援助性措施，具有公益性、阶段性、过渡性、流动性的特点，山阳县按照"创业优于就业、就业优于公岗安置"的原则，根据就业困难劳动力就业需求和收入状况，将公益性岗位安置作为兜底性措施，因事设岗、以岗定人，合理开发适量的公益性岗位，将确实无法离乡的脱贫劳动力纳入公益性岗位。

易地扶贫搬迁后续扶持是"十四五"全面推动乡村振兴战略整体工作的重要组成部分，河南山阳县始终将搬迁群体后续扶持工作与乡村振兴战略联系起来，将后续扶持纳入乡村振兴大局中统筹推进，将安置区纳入城乡一体化发展的大盘子，打造成城乡融合的"亮点"，在项目、资金、政策等安排上适当向安置区倾斜，以点带面发挥安置区在乡村振兴全局的推动作用，促进安置区经济社会发展，推动巩固拓展脱贫攻坚成果同乡村振兴有效衔接。

四　促进脱贫人口稳定就业的困难与挑战

近几年来，受国际经济贸易环境恶化、国内经济下行压力加大以及新冠肺炎疫情的影响，我国就业形势一直稳中承压。复杂严峻的就业形势给农村脱贫人口就业带来一定冲击，给农民增收造成困难，增加了脱贫人口稳岗就业的难度，对我国巩固脱贫攻坚成果过渡期的就业促进工作提出了巨大的挑战。当前和今后一段时间，就业领域固有矛盾和问题依旧存在，一些看得见和难以预料的风险挑战还会不断出现。具体表现在以下几个方面。

（一）结构性就业矛盾对脱贫人口稳定就业带来压力

"十四五"时期就业领域出现了许多新变化新趋势。人口结构与经济结构深度调整，劳动力供求两侧均出现较大变化，产业转型升级、技术进步对劳动者技能素质提出了更高要求，人才培养培训不适应市场需求的现象进一步加剧，"就业难"与"招工难"并存，结构性就业矛盾更加突出，将成为就业领域主要矛盾。[①] 在这个背景下，我国脱贫人口稳岗就业也面临巨大压力，主要体现在部分脱贫群体的劳动和知识技能不能适应现代产业发展的变化，脱贫人口的劳动力素质与市场需求存在不够契合的问题，求职和就业难度加大。

近年来我国脱贫攻坚取得了巨大成效，但是脱贫群体普遍受教育水平低，职业技能偏低，在劳动力市场竞争能力弱，务工就业收入是脱贫户的主要收入来源，在复杂经济形势变化或突发事件的影响下极易受到冲击，未来就业的脆弱性在增加。

当前，我国制造业企业投资意愿不足，传统行业对于劳动力要素的

---

① 《国务院关于印发"十四五"就业促进规划的通知》（国发〔2021〕14号），中国政府网，2021年8月23日，http://www.gov.cn/zhengce/content/2021-08/27/content_5633714.htm。

投入需求减弱。人工智能应用领域越来越广泛，对就业的"挤出效应"日益增强，越来越多地从制造业向服务业扩散，传统低端产业就业岗位大量消失，这使得脱贫群体就业难的问题更加突出。

（二）脱贫群体内生动力有待提升

打赢脱贫攻坚战、全面建成小康社会后，脱贫地区仍然面临巩固脱贫攻坚成果、接续推进区域发展和群众生活改善的新任务。尽管在攻坚期内，脱贫摘帽的群体收入明显增加，生活条件显著改善，但是从实地调研来看，贫困人口虽然已经脱贫，其脆弱性的属性并没有改变，所以国家要求现阶段严格落实"四个不摘"总体要求，健全脱贫人口、农村低收入人口就业帮扶领导体制和工作体系，促进脱贫人口稳定就业，增强脱贫稳定性。

内生动力是脱贫人口摆脱贫困不可或缺的重要因素，要持续关注贫困群体的思想动态，通过扶智扶志相结合，扶起他们的脱贫斗志和防返贫的信心。贫困原因除去大部分因病、因残、因天灾的，少部分也存在因懒致贫的情况。习近平总书记强调："弱鸟可望先飞，至贫可能先富，但能否实现'先飞''先富'，首先要看我们头脑里有无这种意识，贫困地区完全可能依靠自身努力、政策长处、优势在特定领域'先飞'，以弥补贫困带来的劣势。如果扶贫不扶志，扶贫的目的就难以达到，即使一度脱贫，也可能会再度返贫。"[1] 部分脱贫群体内生动力不足主要表现为：脱贫意志缺乏，身体健康水平和脱贫知识技能水平较低，由此形成的自我发展能力较低，生计策略保守，脱贫选择单一。从脱贫户收入结构来看，来自政策性补贴收入的比例较高，有些省份转移性支付收入比例超过30%，政策补贴的持续性和稳定性对脱贫农户收入稳定性影响大。[2]

---

① 习近平：《摆脱贫困》，福建人民出版社，2012，第2页。
② 王介勇等：《巩固脱贫攻坚成果，推动乡村振兴的政策思考及建议》，《中国科学院院刊》2020年第10期。

因此，处理好外部帮扶与自身努力的关系，强化勤劳致富导向，注重培养贫困群众和监测对象艰苦奋斗意识，提升自我发展能力，有效激发脱贫人口的内生动力，是巩固脱贫成果预防返贫必须解决好的首要问题。要采取扶志扶智的帮扶措施，引导贫困群众通过生产和就业脱贫致富。在巩固脱贫成果的阶段既要实施外部帮扶政策也要强化脱贫群体的内生动力。在外部帮扶政策上，要避免"拿来主义"，扶穷不扶懒，扶贫先扶志，通过教育引导、舆论宣传、文化熏陶、道德教化、实践养成、制度保障，激发其内生动力。只有激发起贫困群众脱贫的内生动力，并在外部资金、项目、人员等帮助扶持下，逐步提高自身的自我发展和自主脱贫能力，才能保障贫困群众在脱贫巩固期之后依然能靠自己的劳动过上小康生活，实现可持续脱贫。

（三）就业服务体系有待进一步完善

在复杂多变的外部发展环境中，特别是在突如其来的新冠肺炎疫情影响下，我国就业形势仍保持总体稳定，这充分彰显了中国特色社会主义国家治理体系和治理能力不断走向现代化的显著优势。当前虽然我国在就业服务领域已经做出一些成绩，但是依然存在就业服务体系不完善的情况。当前，我国劳动力和人才的社会性流动渠道依然不够顺畅，就业政策服务还有待进一步完善，有些地区存在监管主体监管过程不够深入、长效监管机制还未形成、公益性岗位设置和管理不规范等问题。有些地方在劳务输转方面存在"四个说不清"，返岗人数说不清、在家待岗人数说不清、就地转岗人数说不清、促进就业措施说不清等问题。因此，应该将防范和化解脱贫人口返贫的风险放在重要位置，加强和完善常态化就业服务体系。

要健全就业公共服务体系、完善劳动关系协调机制、促进终身职业技能培训制度。就业服务体系要汇聚各方力量，帮助有就业意愿的未就业人员实现就业，帮助已就业人员稳定就业，保持脱贫人口就业规模总体稳定。加大易地扶贫搬迁安置区、乡村振兴重点帮扶县等重点地区倾斜支持力度，促进当地群众就业水平稳中提质。及时为农村低收入人口提供就业帮扶，使有就业意愿的都可以得到就业服务和技能培训，符合条件的都可以享受就业政策，农村低收入人口就业帮扶长效机制健全完善。

五　讨论与建议

（一）小结与讨论

乡村振兴的提出是中共中央基于新时期我国经济社会发展的趋势做出的正确判断，是从党和国家事业全局出发，着眼实现"两个一百年"奋斗目标、实现全体人民共同富裕，在脱贫攻坚战之后做出的重大战略决策。2020 年，我国已经全面消除绝对贫困，但依然存在广泛的相对贫困。要减少相对贫困，实现全民富裕和全面发展，稳就业工作在我国社会政策"组合拳"中具有非常重要的战略地位。新时期，稳岗就业如何助力乡村振兴值得深入研究和探讨。

贫困问题具有复杂性、系统性和反复性的特征，从贫困的发生发展规律、我国所处的发展阶段以及当前面临的国际和国内社会经济形势来看，脱贫人口返贫的风险依然存在，脱贫户生计可持续状态依旧脆弱和不稳定，部分脱贫户仍存在"等靠要"思想，尚未实现精神脱贫，巩固脱贫就业成果的任务仍十分严峻。针对当前就业帮扶工作面临的新形势新问题，要坚持以习近平新时代中国特色社会主义思想为指导，坚持以人民为中心的发展思想，统筹安排、强力推进，确保就业帮扶助力乡村振兴工作达到预期效果。

一是建立完善脱贫人口的就业监测与预警制度。各级政府要加强对短期失业和回流农民工的就业帮扶和援助。着力构建基于大数据技术的困难群体就业监测预警体系，加强困难群体就业失业动态监测。完善失业风险预警和快速响应工作机制，对就业困难群体及重点行业，特别是受疫情和产业结构调整升级影响较大的传统行业，建立失业报告制度，同时要加强对就业困难群体失业状况的追踪调查。要落实就业困难人员就业援助政策，优化认定和服务流程，加强实名制动态管理，强化分类帮扶，确保就业困难人员得到及时有效的就业援助。

二是继续坚持脱贫人口稳就业的"精准化"基本方略。巩固脱贫攻坚成果应继续坚持"精准化"的基本方略，要坚持多举措精准推进脱贫人口稳岗就业。贫困瞄准是近年来世界减贫理论的重要方向，也是减贫实践工作重点。巩固脱贫人口就业的成果应继续瞄准贫困线边缘人口和特殊困难群体，监测识别存在返贫风险的脱贫人口和新增贫困风险因素，制定针对性的措施，实施"精准化"的就业帮扶政策。一是人员精准识别。要精准掌握脱贫人口就业状态、就业意愿和就业需求，并根据要求及时将各类农村低收入人口纳入就业服务范围内。二是岗位精准匹配。就业服务部门要完善就业服务平台，建立就业人员清单、岗位供给清单和稳岗清单，促推就业岗位供需"精准匹配"。三是政策精准实施。健全脱贫人口就业帮扶机制，根据脱贫人口特点，分类推进农村劳动力就业。

三是加强部门协同合作形成就业帮扶合力。就业帮扶是一项系统工程，涉及方方面面，需要各部门协同配合、同向发力。各部门要针对脱贫人口稳岗就业密切开展工作对接与信息共享。各地要完善公共就业服务信息平台，为精准开展就业帮扶打好信息基础。要加强人社、发改、财政、农业农村等部门的沟通协调，统筹用好各方资源，加强资金支持保障，完善就业帮扶政策体系，形成就业帮扶工作合力。

（二）对策与建议

1. 培训和服务双轮驱动，缓解结构性就业矛盾

结构性就业矛盾成为我国就业领域的主要矛盾。从劳动力需求的角度看，农村劳动力稳定就业的重点是创造更多的就业岗位；从劳动力供给的角度看，应该大规模多层次开展职业技能培训，着力改善农村劳动

力要素质量。

积极推动乡村振兴，增加就业岗位。乡村方面，要将发展县域经济、加快三产融合、增强有效投资作为增加农村非农就业潜力的主要抓手。促进民营经济发展，加快推进县域城镇化和农村劳动力转移就业基地建设，创造更多就业机会并吸纳农民入园入镇务工。引导适合农村的二、三产业向县域和有条件的镇村布局，鼓励并支持城市企业将生产实体转移延伸，将加工流通重心下沉，将更多岗位留给农民。引导农业与旅游、康养、休闲、电商融合发展，形成新的就业形态。同时，加强绿色及高标准农田设施、仓储、冷链物流等建设，充分发挥补齐农业农村短板有效投资的就业拉动作用。①

针对性开展技能培训，提升脱贫人口的劳动力质量。一方面要了解劳动力就业意愿，开展按需培训。要对脱贫人口就业情况开展摸底调查，详细了解劳动力的就业需求、技能水平、文化水平等情况，根据劳动力的学习能力情况和就业需求，个性化地设计培训课程，实现劳动力有需求就有培训课程。另一方面要掌握企业用工需求，开展订单式培训。要搭建好企业与培训机构之间的桥梁，企业要走进培训机构，要了解培训机构课程设置等细节，必要时可直接参与相关课程培训，把职业技能培训打造为企业的岗前培训，把培训机构打造为企业定点培训机构，保证培训出的人员与企业需求接轨，实现订单式培训。

统筹利用资源，搭建好就业服务平台，提升就业服务质量。围绕优化就业创业环境、稳定重点群体就业、提高劳动报酬、改善就业服务、保障劳动权益等社会大众普遍关心的重点领域搭建好就业服务平台。鼓励创新就业创业服务方式，培育壮大就业新动能，在改革创新中挖掘促进就业潜力，为实施就业优先战略、努力实现更充分更高质量就业提供有力的服务保障。

---

① 谢玲红、吕开宇：《“十四五”时期农村劳动力转移就业的五大问题》，《经济学家》2020年第10期，第56—64页。

2. 扩容和提质双向发力，加强政策的协同发力

就业是事关基本民生、经济持续发展和社会大局稳定的大事。要加强各方面宏观政策支持就业的导向，扩容和提质双向发力，实现与就业政策的协同联动。"扩容"是坚持经济发展、就业导向，财政、货币等宏观政策聚力支持就业，千方百计扩大就业容量。坚持鼓励创业带动就业，支持多渠道灵活就业和新就业形态发展，培育接续有力的就业新动能。"提质"是推动劳动报酬提高与劳动生产率提高基本同步，健全覆盖城乡劳动者的社会保障体系，努力消除就业歧视，切实保障就业创业等方面的合法权益。

要强化各项帮扶政策和就业帮扶政策的衔接。第一，加大东西部协作和对口支援的就业帮扶效应。将职业教育培训协作纳入东西部协作和对口支援工作重要内容，把国家乡村振兴重点帮扶县作为帮扶重点，扩大东西部地区优质教育培训资源供给和输出。第二，强化产业帮扶与就业帮扶政策的联动。乡村振兴离不开产业发展，农业农村部门要推动乡村地区产业发展，创造更多就地就近就业机会，要以产业和就业"两业"为抓手，拓宽脱贫人口的增收渠道，实现脱贫人口的可持续生计。要顺应乡村振兴新形势新要求，大力发展乡村产业，拓宽农业农村就业空间。一方面，发展产业、旅游、电商等行业，劳动力供应充足，劳动力素质提高，这些产业就容易带动乡村的发展；另一方面，产业、旅游、电商等发展起来以后，能创造更多的就业岗位，也就能促进贫困群众就近就业。第三，加强社会保障与就业帮扶衔接。要健全社会保障制度，推进促进脱贫人口就业创业，发挥积极的政策效应。对实现就业的低保对象，在核算其家庭收入时可扣减必要的就业成本，增强其就业意愿和就业稳定性。要加强脱贫人口就业的劳动保护，分类有序推进就业创业帮扶工作。

3. 促进内生动力，建立就业援助长效机制

着重从长效性和可持续性两个维度探寻脱贫人口稳岗就业的实现路径和机制。从长效性和可持续性来看，脱贫人口稳定就业仅仅靠外部政

策支持是不够的，要摆脱"等靠要"的思想，要激发脱贫人口的内生动力，通过自身努力和外部支持政策相结合，实现稳定脱贫。要坚持扶贫与扶志相结合，优化就业服务，使脱贫人口逐步具备自我发展的能力。要通过全国扶贫开发信息系统对脱贫人口、农村低收入人口、易地扶贫搬迁群众等重点人群就业状态分类实施动态监测，完善基层预警机制，对就业出现困难群体及时进行职业指导、提供就业机会。积极推进公共就业服务向乡村地区延伸，通过开展公共就业服务，搭建脱贫群体与用人单位的对接平台。要围绕外出务工与就地就近就业多渠道做好岗位开发。外出务工要更好发挥就业帮扶基地、爱心企业、劳务品牌作用，提供更多适合脱贫人口的就业岗位。就地就近就业是重点发展产业促进一批、支持扶贫基地与扶贫车间等载体建设吸纳一批、鼓励返乡创业带动一批、鼓励工程项目组织一批，拓宽就近就业渠道。

第五章　易地扶贫搬迁后续扶持

　　易地扶贫搬迁后续扶持工作是巩固脱贫攻坚成果、全面推进乡村振兴的重要内容。"十三五"期间，涉及 22 个省 1400 个县（其中，深山石山区 800 多个县，荒漠化地区 30 多个县，高海拔地区 70 多个县）的约 960 万贫困人口从原居住的深山、荒漠化、地方病多发等生存环境差的地方搬离出来。其中 70% 以上多实行的是集中安置，建设集中安置区 3.9 万个。这种快速进入城镇或中心村的搬迁模式，既使搬迁者摆脱了贫困，又提高了当地城镇化率，让深山中以传统小农生产为生活逻辑的村民深层次地卷入城市化、市场经济的现代生活逻辑。这是一种短时间内的生活快速转变。为防止易地搬迁群众规模性返贫，搬迁后续扶持工作是巩固拓展脱贫攻坚成果的重中之重。

一　背景与形势

　　"十三五"期间，我国易地扶贫搬迁后续扶持工作取得了很大成绩，主要表现在以下方面。

　　防止返贫监测和帮扶机制实现全覆盖。按照《关于健全防止返贫动态监测和帮扶机制的指导意见》要求，各级乡村振兴部门将易地搬迁群众纳入防止返贫动态监测对象。目前，防止返贫监测和帮扶机制已实现 960 万搬迁群众全覆盖，共识别脱贫不稳定人口 19.4 万人，占比超过 2%。2020 年，全国易地扶贫搬迁人口人均纯收入为 10493 元，大幅超过脱贫线。其中，福建、安徽人均纯收入较高，分别达到 15198 元和 12972 万元。从收入构成来看，搬迁人口工资性收入占比较高。全国搬迁群众工资性收入占 65.0%，转移性收入占 16.8%，生产经营性收入占 16.2%，财产性收入占 2.0%。①

配套设施持续提升完善，群众生活便利。全国累计建成集中安置点约 3.5 万个，建设安置住房 266 万余套，总建筑面积 2.1 亿平方米，人均住房面积 20.8 平方米。各地已围绕 3.5 万个集中安置点因地制宜配套建设水电路气、绿化亮化、垃圾处理等基础设施，以及学校、卫生服务中心、养老等公共服务设施，推动搬迁群众享受基本公共服务。安置点内道路通达，建设安置点内外道路 8.9 万公里，污水处理设施 5 万个，垃圾处理设施 5.6 万个。② 安全饮水、生活用电、广播电视、通信实现全覆盖，基本公共服务能力和水平得到极大提升。小学生就学条件改善率 99.0%，初中生就学条件改善率 99.0%，配套建成中小学和幼儿园 6100 多所、医院和社区卫生服务中心 1.2 万多所、养老服务设施3400 余个、文化活动场所 4 万余个。③

注重转产转业，多措并举增收。一是搬迁户大多实现非农化转移。从课题组调查情况看，21 个安置点从事农业生产的劳动力仅占劳动力年龄总人口的 2.5%，有 8 个安置点已完全脱离农业生产经营。④ 一些安置点因人因地制宜，推动有劳动能力的搬迁群众在安置点就业创业，取得较好效果。例如，广西搬迁规模最大、安置人口最多的隆安县震东社区安置点探索出"企业派单、居民点单、小梁送单"的"小梁送工"

---

① 国家发改委振兴司：《我国易地扶贫搬迁后续扶持工作取得明显进展》，中华人民共和国国家发展和改革委员会网站，2021 年 7 月 1 日，https://www.ndrc.gov.cn/fzggw/jgsj/zxs/sjdt/202107/t20210701_1285208.html? code=&state=123。

② 国家发改委振兴司：《"十三五"易地扶贫搬迁：伟大成就与实践经验》，中华人民共和国国家发展和改革委员会网站，2021 年 6 月 30 日，https://www.ndrc.gov.cn/xwdt/xwfb/202106/t20210630_1285081.html? code=&state=123。

③ 国家发改委振兴司：《我国易地扶贫搬迁后续扶持工作取得明显进展》，中华人民共和国国家发展和改革委员会网站，2021 年 7 月 1 日，https://www.ndrc.gov.cn/fzggw/jgsj/zxs/sjdt/202107/t20210701_1285208.html? code=&state=123。

④ 2021 年 6 月，课题组对湖北、湖南、贵州和广西 21 个大中型易地扶贫搬迁安置点进行了调查。

就业服务模式，帮助 50 岁以上中老年群众解决就业难题。湖北十堰市郧阳区青龙泉社区安置点以"强劳动力进厂进园、一般劳动力进作坊、弱劳动力家庭织袜"为导向，配套建设香菇产业基地、袜业扶贫产业园和生态农业观光园，保障搬迁群众就近就业。二是安置点提供专门就业帮扶和服务。有 14 个安置点配套建设了产业园，20 个安置点建有扶贫车间，17 个安置点有就业服务中心，18 个安置点近三个月开展了就业技能培训。不少安置点通过招聘会和"点对点"包车送工方式，组织外出务工。三是搬迁户就业增收渠道有一定保障。据统计，截至 2020 年底，全国组织搬迁群众外出务工 392.83 万人，开发公益性岗位安排就业 43.1 万个、依托周边龙头企业带动就业 6.84 万人，有劳动力的搬迁家庭基本实现至少 1 人就业目标。[①] 建成农牧业产业基地或园区 8300 余个、扶贫车间 10000 余个、商贸物流产业基地或工业园区 460 余个、旅游产业发展项目 1000 余个。从区域分布看，县外务工人口占比高于县内务工人口。其中，县外务工 217.4 万人，占比 55.0%；县内务工 177.9 万人，占比 45.0%。四川、湖南、重庆、湖北四省份县外务工占比较高，均超过 60.0%；新疆、青海、西藏三省份县内务工占比较高，分别为 89.3%、84.4%、82.1%。[②] 从课题组实地调查的 21 个安置点情况看，就业劳动力中省外务工占 38.7%，省内县外务工占 19.7%，就地就业占 41.6%。特大型安置点 87.5% 规划建设了产业园，搬迁人口就近就业占 59.9%。

公共服务到位，保障措施有力。各地均在安置区同步规划建设教育、卫生、文化等基本公共服务设施，各项保障措施落实到位。一是适

---

① 国家发改委振兴司：《"十三五"易地扶贫搬迁：伟大成就与实践经验》，中华人民共和国国家发展和改革委员会网站，2021 年 6 月 30 日，https：//www.ndrc.gov.cn/xwdt/xwfb/202106/t20210630_1285081.html？code=&state=123。

② 国家发改委振兴司：《我国易地扶贫搬迁后续扶持工作取得明显进展》，中华人民共和国国家发展和改革委员会网站，2021 年 7 月 1 日，https：//www.ndrc.gov.cn/fzggw/jgsj/zxs/sjdt/202107/t20210701_1285208.html？code=&state=123。

龄儿童均可就近入托入学，义务教育有保障。课题组调查的 21 个安置点中，配备幼儿园的占 75.0%、配备小学的占 66.7%、配备初中的占 50.0%。未配套建设幼儿园和中小学的安置点依托周边幼儿园和中小学解决入学问题，幼儿园和小学距离安置点均在 2 公里以内，初中均在 3 公里以内。二是提升医疗卫生服务水平，就医有保障。有 18 个安置点配套建设了卫生室（卫生服务站），平均拥有 3 名执业医生、3 名全科医生。3 个未配备卫生室（卫生服务站）的安置点，均能实现就近就医。三是养老低保政策落实。21 个安置点均为符合条件的易地搬迁群众办理了养老保险和低保，养老金和低保金均按时发放，有 14.7% 的脱贫人口领取养老保险，29.2% 的脱贫人口领取低保。有 9 个安置点按照城镇标准发放养老金、低保金。四是文体设施齐全。大型安置点均配有文化活动室（文化中心）、健身场所及设施。

基层组织健全，社区治理能力提升。一是基层党组织有力。21 个安置点共拥有 2119 名党员，其中 60 岁以下党员占比为 51.0%；成立了 41 个党支部。52.0% 的党支部书记为 80 后，60.0% 的党支部书记为大专及以上学历，安置点基层党组织负责人年轻化和高学历特征比较明显。贵州湄潭县田坝社区安置点以"党建 + 社会治理"的模式，建立"党组织 + 党员 + 网格员 + 联户长 + 群众"的社区治理架构，确保工作责任层层落实。二是社区服务力量加强。3000 人以上的安置点都设有社区居委会或管委会。21 个社区群众服务中心共有工作人员 277 人，平均每个社区有 13 名工作人员。三是社区服务有序开展。通过配套新建服务设施或依托迁入地中心村、行政村，实现了安置点社区管理服务全覆盖。达到一定人口规模的安置点设立了警务室、便民超市、邮电所、银行、电商服务站、集贸市场，为丰富搬迁群众文化生活、开展素质教育、促进社会融入提供了良好环境。围绕公共秩序、环境卫生、邻里互助、婚丧礼俗等群众密切关注的事项，绝大多数社区制定了居民公约。多数集中安置点按照每百户 30 平方米的标准，建设了以党群服务中心为基本阵地的社区综合服务设施。四是社区融入持续展开。各安置点注重通过对搬迁群众开展心理疏导和感恩教育，营造开放包容的社区文化，引导搬迁群众共同参与社区治理。如贵州毕节市七星关区柏杨林街道安置点妇联、工会、团委等群团组织联合设置"新市民·追梦桥"服务中心（群团工作站），亮出"菜单"，面对面为搬迁群众提供服务。广西大化县古江社区安置点利用节假日举办节庆活动，为搬迁户提供邻里沟通交流的平台。

2021 年 2 月 25 日，习近平在全国脱贫攻坚总结表彰大会上的讲话中明确指出："对易地扶贫搬迁群众要搞好后续扶持，多渠道促进就业，强化社会管理，促进社会融入。"① 2021 年 4 月 25 日，国家乡村振兴局召开了"巩固脱贫成果强化搬迁后扶工作现场推进会"。根据中央要求，下一步的主要任务有以下几个方面。

抓好防止返贫监测帮扶。要集中摸排，建立风险台账，针对不同的返贫风险，分类制定帮扶预案，按照缺什么补什么的原则，有针对性地帮扶，不搞政策叠加，防止政策福利化，确保应帮尽帮。

抓好稳定增收。搬得出的问题基本解决后，后续扶持最关键的是就业。乐业才能安居，保就业就是保住千家万户的"饭碗"。确保搬迁群众稳得住能致富，关键是要稳定增收，做好产业和就业帮扶。所以，下一步要着力推动产业帮扶政策落实到位。大力发展壮大特色产业，用足用好迁出迁入地资源、进一步提高开发质量，以县域经济发展壮大带动搬迁群众增收致富。要持续抓牢就业，多措并举创造新的就业岗位，因人因岗强化就业培训，通过更高质量就业不断提高搬迁群众收入水平。

抓好社区治理。社区治理是各类搬迁安置方式面临的共性问题，也是关系安置区持续健康发展的大事难事。要结合推进新型城镇化和乡村振兴战略，持续提升完善公共服务"软件"和基础设施"硬件"，做好安置点基础设施配套，更好满足搬迁群众需求。重点解决搬迁群众社会

---

① 习近平：《在全国脱贫攻坚总结表彰大会上的讲话》，《人民日报》2021 年 2 月 26 日，第 2 版。

融入问题，引导他们安居乐业。要充分发挥"政治引领"作用、"法治保障"作用、"自治强基"作用，加快提升安置点社区治理能力。

抓好权益保障。强化属地管理，做好户籍转接。解决物业管理难题，保障群众知情权参与权。要加强搬迁群众培训和感恩教育，推行结对帮扶机制，结合当地居民风俗习惯，组织开展形式多样的文体活动，促进搬迁群众稳步融入新社区。

二 易地扶贫搬迁后续扶持的政策设计

2020 年 2 月，国家发改委联合 12 个部门和单位出台了《2020 年易地扶贫搬迁后续扶持若干政策措施》，从完善安置区配套基础设施和公共服务设施、加强产业培育和就业帮扶、加强社区管理、保障搬迁群众合法权益、加大工作投入力度、加强统筹指导和监督检查六个方面明确了 25 条具体措施，进一步细化实化了国家层面的后续扶持政策。2021年 4 月 15 日，国家发改委、乡村振兴局等 20 个部门印发了《关于切实做好易地扶贫搬迁后续扶持工作巩固拓展脱贫攻坚成果的指导意见》，为过渡期易地扶贫搬迁后续扶持提供了行动指南。

（一）易地扶贫搬迁后续扶持工作的组织体系

一是工作责任体系。坚持"中央统筹、省负总责、市县抓落实"的工作机制。易地搬迁后续扶持工作由国家发改委和乡村振兴局双牵头。地方要完善省、市、县三级易地扶贫搬迁后续扶持工作组织领导和部门沟通协调机制，确保队伍和工作总体稳定。

二是沟通协调机制。国家层面建立了 20 个部门参与的易地扶贫搬迁后续扶持工作沟通协调机制，加强工作统筹协调和督促落实，研究解决重大问题。各相关省份也建立了工作协调机构，加强部门间的信息互通，工作联动，力量整合，有利于搬迁后续工作整体推进。

三是乡村振兴部门职责。乡村振兴部门的主要工作是防止返贫监测帮扶、帮扶队伍建设、人居环境整治、东西部协作和定点帮扶等。其他配合的工作是安置区基础设施和公共服务建设、产业就业帮扶、社区治理、数据共享等。

四是基层组织体系。重点是建强党组织，推动建好自治组织、群团组织，培育好社会组织，加快形成党组织领导下的综合治理体系。优选配强党组织书记，选派精兵强将，充实第一书记和工作队，进一步壮大社区治理队伍，提升治理能力。

（二）易地扶贫搬迁后续扶持工作的政策措施

1. 促进更充分更稳定就业

对于就业帮扶，《关于切实做好易地扶贫搬迁后续扶持工作巩固拓展脱贫攻坚成果的指导意见》明确提出：第一是开展外出就业精准对接。建立搬迁群众就业台账，精准对接务工用工需求，强化组织协调和对接能力，完善搬迁群众就业情况动态监测和预警机制，根据群众意愿和专业技能，逐步提高外出就业的专业化、品牌化、市场化程度。第二是拓宽就地就近就业渠道。引导当地企业和用人单位吸纳当前劳动力，鼓励有条件的地方对吸纳劳动力较多的企业在融资贷款等方面给予一定倾斜，支持完善安置点就地就近按比例安排就业机制，政府投资建设的基层社会管理项目和公共服务项目，要安排一定比例的岗位用于吸纳搬迁群众就业。第三是发挥以工代赈促进就业作用。因地制宜实施一批投资规模小、技术门槛低、务工技能要求不高的以工代赈建设项目，促进群众就业。2021年8月2日，国家发改委专门出台了《全国"十四五"以工代赈工作方案》。第四是支持搬迁群众自主创业。支持安置点配套创业园区、创业孵化基地等创业载体建设，引导具备创业能力和意愿的群众自主创业，优先在场地、租金、经营费用等方面给予一定优惠，按规定落实创业担保贷款政策、脱贫人口小额信贷政策、优惠保险政策等。第五是精准实施职业技能培训。按照当地特色产业发展方向，紧密结合安置点用工需求，有序组织搬迁群众参与职业技能培训，统筹使用职业技能提升行动专账资金、就业补助资金、行业部门资金，做到因人施培。鼓励青壮年劳动者就读职工院校或参加中长期培训，引导有意愿的留守妇女、留守老人、残疾人等特殊群体结合个人实际接受必要的职业技能培训。

2. 推动后续产业可持续发展

做大做强优势产业。将易地扶贫搬迁安置点产业发展纳入脱贫地区"十四五"特色产业发展相关规划，支持有条件的城镇大中型安置点提升、新建一批配套产业园区和农产品仓储保鲜基地，发展壮大特色优势产业。为此，农业农村部等 10 部门 2021 年 4 月 7 日出台了《关于推动脱贫地区特色产业可持续发展的指导意见》。加强东西部产业协作。依托现行东西部协作和对口支援工作机制，加强产业扶持和产销对接，统筹资金、资源支持一批产业就业项目，引导安置点所在地以多种方式与东部地区合作，建设产业园区，积极发展新技术新业态新模式。丰富拓展产品销售渠道。充分发挥消费帮扶政策作用，线上线下结合，扩大产品销售，建立与省内外大型农产品流通企业沟通联系机制，解决农产品销售难问题。

3. 加强社区治理

2020 年 11 月 6 日，民政部等九部门印发《关于做好易地扶贫搬迁集中安置社区治理工作的指导意见》，明确提出了以下四个方面的内容。

补齐社区服务设施短板。完善提升社区服务中心、综合性文化场所、大众健身全民健康等公共服务功能。在大中型安置点依托社区服务中心，提供户籍管理、就业、就学、就医和社保、法律咨询等一站式服务。在小微型安置点，为搬迁群众提供户籍、就业、就学、就医、社保、法律咨询等各类协调服务。

提升社区治理整体水平。构建完善以基层党组织为核心，居（村）委会和居（村）务监督委员会为基础，群团组织、社会组织、物业服务企业共同参与的社区组织体系，探索开展"智慧社区"建设。根据安置点规模、治安状况等，合理设置警务室，加强安置点治安综合防控。畅通利益诉求表达渠道，加强赡养纠纷、家庭邻里纠纷等调解工作，完善突发性事件应急处理机制。进一步规范物业管理，引导居民选择合适的物业管理方式，做好房屋和配套设施设备日常维修维护。注重发挥工会、共青团、妇联等群团组织及其他社会组织作用，引导各类社会力量参与社区治理。

改善安置点人居环境。加强安置点公共卫生环境设施建设和管护，支持农村安置点因地制宜推进厕所革命，积极开展生活垃圾和污水治理，持续改善环境卫生面貌。引导搬迁群众转变不良习惯，养成文明健康、绿色环保的生活方式。

促进安置点开放融合。在安置点广泛组织开展群众喜闻乐见的传统美德、社会公德宣传及文化交流，开展文明家庭创建、劳动模范评比、文明实践、志愿服务等活动，广泛开展专业社会工作服务，积极开展心理咨询，提高搬迁群众适应新环境的能力，促进新老居民人际交往、文化交流、情感交融，防止造成人为的封闭隔阂。注重教育引导，加强搬迁群众培训和感恩教育，促进搬迁群众稳步融入新社区。

4. 推进大型安置点城镇化建设

提高搬迁群众生活水平和可持续发展能力。结合以县城为重要载体的新型城镇化战略，将城镇安置点基础设施与基本公共服务设施一体规划，补齐短板漏项，统筹推动安置点周边环境卫生设施、市政公共设施、公共服务设施、产业平台配套设施升级。

完善迁入地配套基础设施。支持城镇安置点供排水管网、垃圾污水处理、供气供暖等设施提档升级，加快电网增容改造、网络覆盖建设，因地制宜提升网络等级，着力打通"断头路"，实现安置点与外界交通干线更加便捷的互联互通。将农村安置点水、电、路、气、通信等配套基础设施纳入乡村建设行动统一规划统一建设。将安置点已建成的配套基础设施纳入迁入地统一管理，落实维护管理责任。

提升安置点公共服务设施。综合考虑安置点人口规模与迁入地公共服务供给状况，切实满足大中型安置点搬迁群众对幼儿园、中小学、医院、社区卫生服务中心（站）、福利院、养老服务机构等公共服务设施方面的需求。将小微型安置点和分散安置点纳入迁入地基本公共服务保障范围，支持迁入地根据人口规模变化，推动教育、医疗、社会福利、养老等公共服务设施扩容升级，确保搬迁群众与迁入地群众平等共享公共服务资源。

5. 保障搬迁群众合法权益

搬迁群众享受的迁出地承包地山林地的退耕还林、森林生态效益补偿、草原生态保护、耕地地力保护等各种农牧业补贴和生态补偿等按照现行政策执行，同时将符合条件的困难群众纳入低保、特困人员救助供养范围，健全低收入人口动态监测机制，做好城乡居民养老保险关系转移衔接。依法做好拆旧复垦后的不动产登记，切实维护搬迁群众合法土地权益。尽快完善安置住房项目手续，加快完成安置住房不动产登记，将不动产权证书颁发给搬迁群众，保障搬迁群众安置住房合法权益。支持各地探索公租房和保障性租赁住房用于保障符合条件的易地搬迁人口新增住房需求的政策。

6. 财政、金融支持体系

发挥中央财政衔接推进乡村振兴补助资金的引导作用，支持易地扶贫搬迁后续扶持，带动地方财政资金、金融信贷资金、社会资本等共同投入。将符合条件的易地扶贫搬迁安置点后续建设相关项目纳入地方政府债券支持范围。统筹中央预算内投资各专项资金，继续支持安置点基础设施和公共服务设施提升完善，推动后续产业发展和群众就业创业。鼓励有条件的地方安排资金支持易地扶贫搬迁后续扶持。各地要用好城乡建设用地增减挂钩政策，统筹地方可支配财力，按规定支持易地扶贫搬迁融资资金偿还。

支持各类金融机构结合自身职能定位和业务的优势，创新金融产品，加大对安置点后续产业的信贷投入，为易地扶贫搬迁后续扶持提供金融服务。鼓励有条件的地方整合有关资源和项目资金，带动社会资本支持安置点后续产业发展。

（三）易地扶贫搬迁后续扶持工作的考核体系

将易地扶贫搬迁后续扶持工作成效作为巩固拓展脱贫攻坚成果的重要内容，纳入乡村振兴战略实绩考核范围。国家发改委会同乡村振兴局等有关部门对各地易地扶贫搬迁后续扶持工作成效开展综合评价，对工作积极主动、成效明显的地方予以激励表扬。各有关部门和地方要及时总结提炼后续扶持工作经验，对成效明显的典型给予宣传推介和通报表扬。

三 易地扶贫搬迁后续扶持的典型案例

易地扶贫搬迁后续扶持工作是一项复杂而艰巨的工作，按照党中央、国务院决策部署，各地纷纷发布关于进一步推进易地扶贫搬迁后续扶持工作的意见，并围绕促进产业就业和社区融入等方面进行探索。

（一）湖北十堰市郧阳区：因地制宜做强做大易地扶贫搬迁扶持产业

立足实际实现产业一体化，规模化打造香菇名牌。湖北十堰市郧阳区地处秦岭南坡与大巴山东延余脉之间，位于汉水上游下段，是典型的亚热带湿润性季风气候，水分和空气湿度都非常适合食用菌类的生长。在青龙泉社区完成搬迁之前，郧阳区就有种植食用菌的历史。郧阳区立足实际，选择了具有一定的种植基础的香菇产业，按照全产业链、全生态链、全价值链模式，郧阳区建设扶贫产业园、镇村建扶贫车间、户建扶贫作坊，在谭家湾镇建设食用菌循环经济扶贫产业示范园，成立华中食用菌研究院，建设研发中心和香菇交易市场，引进企业22家，建成智能化四季出菇工厂，在19个乡镇年种植香菇4000万棒，形成产业的规模效应，打造品牌知名度，提升产品的附加值，从而提升种植户的收入，2万户贫困群众种出了小康生活。规模化种植与产业链的形成，使市场更加稳定，能够帮助种植户更好地规避市场波动的风险，实现香菇销路畅通、收益稳定。郧阳区在搬迁之前即配套发展香菇产业，持续推广，规模化布局，形成香菇产业扶贫的郧阳模式。

引进劳动密集型产业建点设厂，实现多样化就业。郧阳区属于劳务输出大县，面对易地搬迁安置点大部分青壮年外出务工只留下了妇女、老人和孩子的现实情况，针对易迁群众就业需求，抢抓袜业企业向中西部转移机遇，郧阳区先后引进上海东北亚新等 26 家袜业企业配套青龙泉社区，日产袜子 120 万双，年产值可达 20 亿元，成为中部地区最大的袜业生产基地。同时，郧阳区积极探索"现代化生产车间 + 楼栋内后道工序加工车间"相结合的模式，把工厂搬进社区，将操作简单、对工作场所要求低的工序从车间搬到小区楼下，使适应工厂化管理的年轻人能够在家门口就业，使劳动能力不足、不适应工厂化管理模式和期望工作时间相对自由的老人、残疾人以及需要照顾家庭的妇女能够实现在小区里灵活就业，全面适应易地搬迁居民多样化的就业需求，更好达到"稳得住、能致富"的搬迁目标。

（二）广西隆安县：以就业服务模式促进搬迁群众灵活就业

广西隆安县易地扶贫搬迁震东集中安置区是广西搬迁规模最大、安置人口最多的易地扶贫搬迁集中安置区，集中安置易地扶贫搬迁 5847 户 24423 人。在巩固拓展脱贫攻坚成果与乡村振兴有效衔接中，震东社区积极探索多渠道保障搬迁群众高质量稳定就业新方式，多举措盘活就业资源，拓宽增收渠道，2020 年 3 月产生的"企业派单、居民点单、小梁送单"的"小梁送工"就业服务模式是多种就业帮扶方式的典型。"小梁送工"由震东社区居委会副主任、就业服务站站长梁佳为该服务模式具体实施主要负责人而得名，主要帮助大龄群众解决就业难题。"小梁送工"就业服务具体做法如下。

追踪用工需求，精准派工服务。"小梁送工"服务模式依托震东社区就业扶贫驿站开展工作，震东社区工作人员每天通过现场考察、电话、微信对接园区企业、农业基地，按照用工需求和要求，采用服务站定点报名、社区广播、业主微信群、就业服务专用群等方式在第一时间将招工信息向搬迁群众发布，社区居民可线上线下"点单"报名。社区工作人员再根据当天报名情况对接县人社局、县汽车总站租定车辆，次日清晨就将实际签到人员直接派送到农业基地和工厂务工，形成快捷、高效、精准的"点对点"送工模式。

联动安置社区周边企业，满足就业需求。"小梁送工"就业服务模式惠及附近工业园区三礼电子、富利时、兴富制衣、那之味等企业，以及广西金福、金穗、高明、飞腾等各大农业公司，缓解了基地用工压力及基地用工旺季工人紧缺等问题，有效解决了大量搬迁劳动力就业困难及大龄无技能劳动力就业无门等短板问题。在"小梁送工"就业服务品牌的带动下，已有30多家企业农业基地与震东社区形成用工合作关系，在不同时节可每天提供150—400个岗位，震东社区根据需求精准输送"工人"到企业和农业基地务工。

强化专业服务，持续稳定增收。2020年3月以来，"小梁"通过社区网格精细化管理，逐步引导临时工队伍走向专业化团队，将百人大集体按年龄、技能和个性分成不同技能类别的小组，从每组的组员中推选出带队组长，协助日常出工协调和联系，使送工服务更贴心、更便捷。截至2021年6月，先后成立8个"专业型务农团队"，送工到基地务农400余批2.9万多人次，帮助每个务工居民日增收100—300元，实现总收入超400万元。

"小梁送工"就业服务模式深受居民的欢迎和信任，已在安置区家喻户晓并逐渐成为一个优质的服务品牌名扬区内外。震东社区通过"小梁送工"就业服务模式，在促进居民就业增收的同时，兑现了党委政府对易地扶贫搬迁居民"一个家，一个岗位，一个学位"的庄严承诺，让搬迁群众从"搬得出"向"稳得住、能致富"的目标大步迈进，在带领安置区群众建设社会主义新生活上实现起好步、开新局。

（三）贵州毕节市：党建引领多方协力助推搬迁群众融入新社区

贵州毕节通过党建引领，统筹社会各界力量，多方协力助推搬迁群众融入新社区。

党建引领，筑牢社区治理根基。刚搬入新居的贫困群众因生活习惯、观念差异难以融入安置点社区，全面推进社区良性治理是毕节解决这一问题的重要抓手。安置点社区干部依托基层党组织，通过党建引领，筑牢了社区治理根基，拉近了干群间心与心的距离。毕节大力推进基层党组织建设，将基层党组织延伸到社区，让党组织在社区治理的每一个环节都能发挥作用。毕节在全市安置点建立党工委 9 个、党总支 8 个、党支部 106 个、党小组 116 个，实现安置点基层党组织全覆盖。同时，各个安置点不断强化党员干部队伍建设，将思想进步、表现积极的搬迁群众吸纳到党员队伍中。如赫章县在各个安置点构建了"联合党委—社区党总支—社区党支部—楼栋（产业链、扶贫车间）党小组"四级联动组织架构，做到了安置点基层党组织全覆盖、搬迁群众党员全覆盖、党员联系服务群众全覆盖、解决搬迁群众发展需求全覆盖。黔西市锦绣花园安置点选优配齐 20 个行政编、40 个事业编以及社区"两委"班子，形成"党工委—党总支—党支部—党建网格—楼栋党小组"五级立体党组织架构，与易地扶贫搬迁后续服务五个体系建设部门形成"6 + 3"组织共建和"1 + 1 + N"党员结对帮带服务群众模式。

党建在社区治理中要发挥作用，关键还在于引领。各级党组织指导安置点建立完善居规民约，定期组织召开党建联席会、社区群众意见问答会、民主评议会，征集群众意见建议，干群联动建立健全安置社区自我管理、自我服务的长效机制。织金县通过"五分"工作法，以党建为抓手强化安置点管理服务。"五分"是指分类组织、分类讲习、分类就业、分类服务、分类治理"五分"工作法，对全县安置点 4958 户 22438 人进行分类管理，使留守儿童、空巢老人、残疾人、低保户能获得全天候的贴心服务。黔西县党建引领"六个一"，让搬迁群众过得更舒心。"六个一"是指一个坚强的基层战斗堡垒，一支热情的先锋服务队伍，一套完善的就业指导体系，一份放心的警务安全保障，一批便捷的就近医疗资源，一些特有的教育扶智政策。

在党建引领下，搬迁群众的自治能力也在不断增强。纳雍县在各个安置点社区组织搬迁群众开展"百姓评讲"活动，评讲员主要由威望较高、能力较强、品行较好、能说会道的搬迁群众组成，通过自主推荐和相互推荐等方式选出。评讲员通过社区巡查、上门入户等形式，纠察践踏草坪、厌学贪玩、乱丢垃圾等不良现象，针对酗酒闹事、家庭纠纷等不良行为，讲评员主动采取点对点教育、面对面劝诫等上门服务评讲方式，引导群众革除不良陋习。纳雍县还通过积分评比和"荣耻榜"，奖励先进、批评落后，引导搬迁群众转变落后观念。纳雍县珙桐街道白水河社区评讲员陈应学通过被评讲和评讲他人，逐渐改变了自己的陈规陋习，他说："在老家时，我喜欢呷几口叶子烟，买了个几千块钱的烟斗。可是呷叶子烟爱吐口水，搬到城里后，才发现乱吐口水很不卫生，于是狠心戒掉了烟瘾。"

群团协力，提升社区公共服务质量。全面提升公共服务质量，优化公共服务供给，是满足搬迁群众日常生活需求的重要途径。毕节通过党带群团，全面优化安置点社区公共服务供给，为搬迁群众的日常生活解决后顾之忧。"十三五"期间，毕节各级党委统筹政府各部门，为搬迁群众提供高品质公共服务。在社会保障方面，毕节无缝衔接低保、医保、养老保险"三类保障"，全市搬迁群众农村低保接转城镇低保4.5万人，落实医保21.3万人、养老保险6.1万人，搬迁贫困群众享受一次性临时救助政策8.5万人，基本实现应保尽保。在医疗教育方面，毕节千方百计满足搬迁群众医教需求，全市新建改扩建医疗机构130所，规划配套建设幼儿园、小学、中学45所，6.5万名搬迁群众子女实现就近入学。在社区服务方面，毕节在集中安置点统一建立"便民服务大厅"，搭建"一站式"服务平台，对搬迁群众低保、医疗报销、户口迁移以及就医就学等进行全方位动态服务。毕节还依托法律服务中心和法律援助中心，探索建立法律援助结对帮扶机制，构建了"网格员—调解员—社区主任"三道矛盾调解防线，推动了安置点各类矛盾纠纷依法及时化解。

在"大扶贫"格局下，毕节妇联、工会、团委等群团组织在党的领导下发挥在妇女儿童保护、就业创业、劳务纠纷以及青少年成长等层面的专业优势，协力提升易地扶贫搬迁安置点社区公共服务品质，提高搬迁群众生活质量。按照《贵州省工青妇组织实施"新市民·追梦桥"工程方案》的相关要求，毕节制定了《毕节凝聚群团力量助力脱贫攻坚示范引领工作站创建方案》，在每一个易地扶贫搬迁安置点设置了"新市民·追梦桥"服务中心（群团工作站），为搬迁群众提供了高品质的公共服务，解决了不少搬迁群众的困难。在实际工作中，群团工作站设立了"台账制度"，建立工作对象台账、活动管理台账和资助服务台账三个基础台账，亮出"菜单"，面对面为搬迁群众提供服务，搬迁群众可以通过上门咨询、扫码等多种方式反映问题，并能及时得到反馈和帮助。在七星关区柏杨林街道群团工作站的台账上，写满了搬迁群众的愿望和困难："想培训家政、厨师""4 岁的小朋友能不能进入四点半课堂""得了肺结核没办法上班怎么办"……这些愿望和困难在群团组织的帮助下，都得到了满意答复和妥善解决。

四　易地扶贫搬迁后续扶持的困难与挑战

主导易地扶贫工作的制度逻辑是一种建设逻辑而非治理逻辑。[1] 易地扶贫搬迁后续扶持工作需要治理逻辑。从当前情况看，脱贫人口大规模聚集给产业就业、基层治理、公共服务等带来严峻挑战。

---

[1]　马良灿、陈淇淇：《易地扶贫搬迁移民社区的治理关系与优化》，《云南大学学报》（社会科学版）2019 年第 3 期，第 110—117 页。

（一）产业就业问题

1. 产业问题

产业带动群众增收效果不理想，就业稳定性不高，灵活就业和从事农林业生产占比较高，有的外出务工动员组织力度还不够。

2021 年国家发改委专门安排 5 亿元中央预算内投资，撬动地方财政资金、社会资金等 4.1 亿元，在上年相关试点工作的基础上，选择 22 个省份 62 个已脱贫摘帽县开展以工代赈巩固脱贫攻坚成果衔接乡村振兴试点示范工作，围绕"农村公益性基础设施建设＋劳务报酬发放＋就业技能培训＋公益性岗位设置"和"农村产业发展配套基础设施建设＋劳务报酬发放＋就业技能培训＋资产折股量化分红"两类试点示范模式，探索巩固拓展脱贫攻坚成果、全面推进乡村振兴的新路径。

地方政府通过建设创业园区，给创业者提供税费减免、担保贷款、免租门面摊位费等优惠政策来带动移民群体的就业。但很多移民对政府的行动往往持观望态度，更多的是选择逃避风险，因为创业充满很多不确定性。社区在公共生活区域设置了摊位，只有少数摊位被搬迁户所使用。当地政府想要通过创业实现就业的目标在实践中难以实现。

2. 就业问题

在易地扶贫搬迁后续帮扶中，"一户一人就业"目标基本完成，但一人就业还不能满足整个家庭致富的要求。针对移民群体的就业培训并非如政策宣传中"培训一人，就业一人，脱贫一户"那样理想，很多移民进入移民新区后处于失业或半失业状态，未实现"换穷业"目标。

在组织动员移民群体进行迁移前，地方政府曾承诺要确保移民家庭中至少有一人实现稳定就业。但是，贫困群体缺乏基本的生存技能，进入异域生存空间后很少有适合的生存机会和职业。为此，地方政府举办了形式多样的职业技能培训，想通过培训来拓展其生存技能和能力，然而，难以达到稳定就业与脱贫的目标。

就业困境的形成是多种力量共同作用的结果。首先，移民社区服务中心作为就业培训与提供就业服务的组织者，所开展的就业培训与提供的就业信息并不能完全契合移民群体的实际需求，更多的是为了迎合上级部门的检查验收。从表面上看，社区服务中心所开展的就业援助月、春风行动、民营企业招聘周等系列活动与每月不断更新发布的用工单位空岗信息可谓形式饱满，内容丰富。但这些行动和信息主要是为了应付上级检查，很多就业培训内容和就业信息不适合搬迁移民。其次，作为地方政府委派的市场经营主体也是促成移民群体就业困难的重要力量。企业进驻移民社区并为移民群体进行岗前培训并提供就业岗位，表面上看是在尽企业社会责任，为政府分忧为移民群体服务，但其根本目的是营利。这些企业进驻社区后，不仅可以享受政府提供的各种优惠政策，同时有大量的廉价劳动力可供选用，劳动力供大于求。在用工过程中，这些企业家尽可能降低移民工资，尽可能减少生产成本，获取更多利润。搬迁移民在企业用工过程中不仅工资较低，而且经常遭受责骂和打压，生存处境较为艰难。

（二）基层治理问题

社区治理目前的问题是，体制机制还没有完全理顺，社区服务体系还不完善，搬迁群众社区参与和融入程度低。移民社区建设过程中，地方政府曾投入大量资源来进行社区基础设施与外部环境建设，尽可能满足移民群体对教育、医疗、交通服务、就业等方面的客观需求。如，将移民新村建在离城镇不远的地方，方便移民群体子女上学、就医、就业等。为解决移民群体的就业问题，在移民新村附近建立产业园区，委托企业对移民群体进行就业培训。为丰富移民群体的社区生活，组织相关文艺机构到社区进行文艺表演，力图为搬迁群体营造一个良好的外部生活环境。实际结果却是，没有从根本上提升社区移民的生活水平，也没有促进行政主体和移民群体之间良性互动关系的建立。

从社区方面看，在管理体制上存在迁出地相应的行政机构与迁入地的行政组织同时对移民群体进行双重管辖的问题。也就是说，由于大量搬迁者没有迁移户籍，迁出地的相应组织与迁入地的社区服务中心缺乏相互衔接，同时对移民群体进行管理。这种双重管辖反映了易地搬迁工作的复杂性和特殊性，同时在实践层面也暴露出很多难以克服的问题。

从搬迁群众来看，他们参与社区治理限于盲从和被动，缺乏社区参与的主体性，对未来生活的前景有些迷茫和无所适从。

（三）社会服务与社会融入问题

搬迁群众从散居到聚居，从山里到城里，打破了原有的血缘亲缘和地缘关系，对城镇生活适应难度大，对公共服务提出了更高要求。有的社区公共服务承载能力没及时跟上，补齐服务短板面临不少困难。例如：有的学校大班问题突出；有的安置点房屋维修维护没有保障；有的社区管理服务半径过大，难以满足有效需求。

文化差异性导致的社会适应难。易地扶贫搬迁农民在进入城市后，首先面临的就是乡村文化与城市文化的冲突。搬迁农民在原居住乡村遵循的农耕文明、风俗文化以及在此基础上形成的生活习惯、社会观念与城市文化在生活方式、思维模式、心理适应等方面有很大的区别。文化差异性的存在也是导致搬迁农民与城市原住居民相互接纳、相互融合的阻碍因素，这直接影响搬迁农民的社会适应问题。

生计方式转变导致的社会适应难。举家搬迁进城，生计方式从农业生产向工业和服务业转变，生活场所与生产场所分离，与土地的关系日渐疏远，导致搬迁群众尤其是年纪较大的群体产生焦虑，从而制约着搬迁群众的市民化进程。

社会关系网络断裂导致的社会适应难。在农村，人们在村庄居住、生产、生活，互动频繁，社会关系网络紧密，归属感强。搬迁后，社会关系网络断裂，成为易地扶贫搬迁农民社会适应难的重要诱因。

五　讨论与建议

（一）小结与讨论

易地扶贫搬迁工作不仅是居住空间的改变，更涉及经济、政治、文化、社会等方方面面，不仅是人口的安置与转移，也是社会结构的再造与文化空间的重塑。《关于切实做好易地扶贫搬迁后续扶持工作巩固拓展脱贫攻坚成果的指导意见》的出台，为过渡期易地扶贫搬迁后续扶持提供了行动指南。各地贯彻落实文件精神，按照"中央统筹、省负总责、市县抓落实"的工作机制，上下协同、部门联动，健全组织领导和工作责任体系，强化资金和队伍保障，开展评价激励，加强宣传引导，确保易地扶贫搬迁后续扶持各项举措落地见效。从各地的实践看，政府的主要工作是拓宽就地就近就业渠道，加强劳动力技能培训；将易地扶贫搬迁安置点产业发展纳入脱贫地区"十四五"特色产业发展相关规划，注重发挥好消费帮扶政策作用；结合推进新型城镇化和乡村振兴战略，持续提升完善公共服务"软件"和基础设施"硬件"，做好安置点基础设施配套，推进基本公共服务全覆盖；以党建为引领，完善搬迁社区治理体系，加强社区文化建设。

（二）对策与建议

1. 做好与农业转移人口市民化发展战略衔接

易地扶贫搬迁后续帮扶关键在于要与我国持续推进的农业转移人口市民化发展战略相衔接。贫困户的多元需求和市民化的多维度决定了市民化必须靠多重力量推动，而推动的路径就在于通过空间再造去建构一个能够满足贫困户多元需求的复合空间，并且最终实现由外力驱动的制度性空间再造转变为由贫困户内在驱动的能动性空间再造。要实现这一转变，必须循序渐进、层次分明地推动空间再造。物理空间再造是空间再造基础，抽象的社会空间和主观空间只有建基于客观的物理空间上才能成为可能；社会空间再造是空间再造的关键，它直接决定了贫困户能否依靠社会关系获得社会支持，能否通过社会参与形成凝聚力，能否参照社会制度去规范自身的角色与行为；主观空间再造是空间再造的最终目标，只有贫困户拥有美好的空间记忆和想象、舒适的空间情感体验以及清晰的空间认知，他们才真正实现了人与空间的终极统一，才能有积极的意愿能动地参与到空间再造中。[1] 因此，易地搬迁后续扶持中的共性问题需要积极应对。

2. 解决弱劳动力的就业问题

就业问题是解决易地扶贫搬迁后续扶持的关键。安置点青壮年大多外出就业，常住的多数是老人和妇女，发展产业能力弱，就业技能低。为此，要通过就业途径的多元化实现就业选择的多样化，化解搬迁群体的就业结构性矛盾。市场机制对贫困群体的就业具有一定的排斥和挤出效应，尤其是搬迁贫困群体受区域条件、产业环境和自身技能等因素限制，在市场经济机制主导下的就业中处于被排斥的边缘化地位，政府通过行政手段设置多元化的就业岗位满足不同搬迁劳动力的就业需求，能够有效缓解特定区域内市场失灵所造成的就业结构性矛盾。如依托迁入地的龙头企业吸纳搬迁群体就业，扩大政府衔接资金的乘数效应。通过政府与企业搭建的定向就业模式，利用政府财政资金支持将搬迁劳动力引导至迁入地的农业产业园区、工业产业园区、旅游服务业景区等一二三产业。解决搬迁人口的就业一定要立足于区域条件禀赋，利用区域特色产品形成灵活的创业方式。

3. 激发社区的内源性发展动力

易地扶贫搬迁后续扶持工作要坚持以移民群体的利益为中心，尤其是在移民社区发展、社区治理、社区融入等方面要体现国家发展理念与

---

[1] 王寓凡、江立华：《"后扶贫时代"农村贫困人口的市民化——易地扶贫搬迁中政企协作的空间再造》，《探索与争鸣》2020 年第 12 期，第 160—166、200—201 页。

移民群体根本利益的契合，要彰显移民群体在社区治理实践中的主体性地位，尊重该群体的需求、愿望和呼声，从他们在就业、教育、医疗、健康、生计等方面面临的迫切需要出发来推进社区建设与社会政策设计，并不断地完善社会制度与社会政策，确保移民群体在融入城乡的过程中实现可持续发展。[①]

4. 促进权益保障与社区融合

权益保障是做好搬迁群众后续帮扶工作的基本前提。一是做好户籍转接引导，推动搬迁群众自愿落户安置地，户籍迁移过程可能会是一个比较长时间的过程，不能因为户籍问题影响搬迁群众子女入学、看病就医、社会保障等权益。二是要解决物业管理难题，探索通过盘活安置点资产、募集社会资金、财政补贴、群众负担等方式，建立长效管理机制。三是保障群众知情权、参与权，要及时公开办事流程、经费收支等情况，对集体经济发展基础设施建设等，要引导群众多参与多监督，提高群众的主人翁意识。

[①] 马良灿、陈淇淇：《易地扶贫搬迁移民社区的治理关系与优化》，《云南大学学报》（社会科学版）2019 年第 3 期，第 110—117 页。

第六章 扶贫资产管理与监督

随着脱贫攻坚的全面胜利，农村工作开始全面转向乡村振兴。为适应新阶段，中共中央设立 5 年过渡期，以实现巩固拓展脱贫攻坚成果同乡村振兴有效衔接的新任务。在这样的新形势下，如何继续发挥脱贫攻坚时期形成的扶贫资产在提升乡村产业质量、竞争力和提高脱贫地区农民收入水平中的效益是脱贫地区面临的新挑战。本章主要从五个方面探讨扶贫资产管理与监督这一议题。首先介绍扶贫资产管理与监督面临的背景与形势，阐述关注这一问题的重要意义；接着梳理扶贫资产管理与监督的政策设计、政策内容体系和政策逻辑；然后用地方典型案例来阐述不同地区扶贫资产管理的模式；接着总结扶贫资产与管理面临的困难与挑战；最后，针对上述困难与挑战提出对策建议。

一 背景与形势

2021 年 2 月 25 日，习近平总书记在全国脱贫攻坚总结大会上向全世界庄严宣告："经过全党全国各族人民共同努力，在迎来中国共产党成立一百周年的重要时刻，我国脱贫攻坚战取得了全面胜利！"[①] 2020年底，我国现行标准下农村贫困人口全部实现脱贫、贫困县全部摘帽、区域性整体贫困得到解决。脱贫攻坚的伟大胜利彰显了中国共产党的坚强领导与社会主义制度的优势，是新时期中国特色社会主义建设的伟大

[①] 《在全国脱贫攻坚总结表彰大会上的讲话》，共产党员网，2021 年 2 月 25 日，https://www.12371.cn/2021/02/25/ARTI1614227204073824.shtml。

成就。然而，脱贫摘帽不是终点，而是新的起点。《中共中央　国务院关于实现巩固拓展脱贫攻坚成果同乡村振兴有效衔接的意见》指出："脱贫攻坚目标任务完成以后，设立 5 年过渡期，脱贫地区要根据形势变化，理清工作思路，做好过渡期内领导体制、工作体系、发展规划、政策举措、考核机制等有效衔接，从解决建档立卡贫困人口'两不愁三保障'为重点转向实现乡村产业兴旺、生态宜居、乡风文明、治理有效、生活富裕，从集中资源支持脱贫攻坚转向巩固拓展脱贫攻坚成果和全面推进乡村振兴。"[①] 因此，在"十四五"期间，各脱贫地区的工作重点应集中在巩固拓展脱贫攻坚成果，守住不发生规模性返贫的底线；同时注重脱贫帮扶政策的总体稳定性，建立健全巩固拓展脱贫攻坚成果的长效机制，为全面推进乡村振兴战略奠定扎实基础。

《中共中央　国务院关于实现巩固拓展脱贫攻坚成果同乡村振兴有效衔接的意见》的出台适应了脱贫攻坚全面收官与乡村振兴全面推进的新发展形势，要求各脱贫地区加快推进两大战略的有效衔接，脱贫攻坚期间的各项政策举措要在乡村振兴的战略框架下统筹安排（延续、优化与调整）。在这一新形势下，《中共中央　国务院关于实现巩固拓展脱贫攻坚成果同乡村振兴有效衔接的意见》要求建立健全巩固拓展脱贫攻坚成果长效机制，而脱贫攻坚期间形成的大量扶贫资产后续如何管理与监督就成为建立健全这一长效机制的重要工作之一。《中共中央　国务院关于实现巩固拓展脱贫攻坚成果同乡村振兴有效衔接的意见》第三条第五点"加强扶贫项目资产管理与监督"提出，应分类摸清各类扶贫项目形成的资产底数，做好公益性资产和经营性资产的管理、运营与监督。党的十八大以来，来自中央、地方政府、企业和社会等不同渠道的资金大量投入农村扶贫领域，形成了较大规模的扶贫资产，为打赢脱贫攻坚战役奠定了坚实基础。根据财政部数据，2016—2020 年，

[①] 《中共中央　国务院关于实现巩固拓展脱贫攻坚成果同乡村振兴有效衔接的意见》，中国政府网，2021 年 3 月 22 日，http://www.gov.cn/zhengce/2021 - 03/22/content_5594969.htm。

连续 5 年每年新增中央财政专项扶贫资金 200 亿元，2020 年达到 1461 亿元。[①] 庞大的扶贫资金投入形成了规模庞大的扶贫资产，完成脱贫攻坚历史任务后，如何继续发挥扶贫项目资产在巩固拓展脱贫攻坚成果和推进乡村振兴中的效益就成为各级政府必须思考的问题，以确保扶贫资产的良性运行与管理。

建立健全扶贫项目资产的长效运行管理机制，首先有利于构建防止返贫长效机制，发挥扶贫资产收益对农民持续增收的促进作用；其次有利于实现从产业扶贫到产业振兴的转变，提高农村产业发展的内生性质量；最后通过扶贫资产后续有效管理、运行与监督，能够持续改善脱贫地区的基础设施条件和提升脱贫地区的公共服务水平。因此，在巩固拓展脱贫攻坚成果同乡村振兴有效衔接的过渡时期内加强扶贫项目资产的管理与监督具有突出意义。

在经济学视角下，资产指的是过去的交易、事项形成并由企业拥有或者控制的资源，该资源预期会给企业带来经济利益。[②] 在中国脱贫攻坚战略的政治和政策背景下，扶贫资产因其构成来源而有独特含义，一般指的是 2016 年以来各级财政专项扶贫资金、贫困县财政涉农统筹整合资金、盘活财政存量用于脱贫攻坚资金、地方债券用于支持脱贫攻坚资金及其他用于脱贫攻坚的财政资金、社会扶贫资金（包括县域结对帮扶资金、定点帮扶资金、社会捐赠资金等）投入形成的资产（包括接受捐赠、捐建的实物资产），全都归属于扶贫资产范围（包括 2016 年以前形成的扶贫资产）。简单来说，扶贫项目资产是各种渠道的资金投入农村用于脱贫事业所形成的各种类型的资产，主要包括公益性资产、经营性资产和到户类资产三大基本类型。面对规模庞大的扶贫资

---

① 董碧娟：《今年共安排财政专项扶贫资金 1461 亿元》，中华人民共和国财政部网站，2020 年 12 月 3 日，http://www.mof.gov.cn/zhengwuxinxi/caijingshidian/jjrb/202012/t20201203_3632211.htm。

② 干胜道、刘阳、王黎华：《资产定义的演进及其规律》，《经济体制改革》2001 年第 5 期，第 67—69 页。

产，如何实现项目资产长远高效的管理、维护、运行与监督是摆在不同主体面前的迫切问题，也是关系到巩固拓展脱贫攻坚成果成效和接续推进乡村振兴战略的关键抓手。

为了更好地理解扶贫资产的管理与监督议题，本章接下来将从政策设计、典型案例和困境挑战三个方面阐述。政策设计关注扶贫资产管理与监督的政策文本以及政策设计的基本内容与内在逻辑。典型案例将关注脱贫攻坚期间内的扶贫资产管理与运营的典型地方实践。困境挑战着眼于当前时期扶贫资产管理与监督面临的困境与挑战。

二　扶贫资产管理与监督的政策设计

目前，中央关于扶贫项目资产管理与监督的正式文件是 2021 年 5 月 22 日印发的《国务院办公厅转发国家乡村振兴局中央农办财政部关于加强扶贫项目资产后续管理指导意见的通知》（以下简称《通知》）。通过梳理相关政策文本，课题组发现《通知》是在接续脱贫攻坚期间各项政策文本的基础上出台的，印证了巩固拓展脱贫攻坚成果与乡村振兴有效衔接的新形势。在本部分我们将着重阐述扶贫资产管理与监督的政策脉络、基本内容体系和政策逻辑。

（一）扶贫资产管理与监督的政策脉络与内容体系

构成扶贫资产的主要来源是脱贫攻坚期间各种渠道的资金投入脱贫地区而形成的，因此脱贫攻坚期间形成的有关扶贫资金、资产使用和管理的文本就成为 2021 年 5 月 22 日《通知》出台的背景。扶贫资产后续管理文件的出台，从时间线索来看，遵循着从脱贫攻坚到乡村振兴的历史接续；从出台相关政策文本的政府层级来看，遵循着从中央到地方再到中央的互动发展轨迹；从政策内容的核心关注点来看，遵循着以资金使用管理为中心转向以规范资产管理与收益分配使用为中心。相关政策的梳理如图 6－1 所示。

　　与扶贫资产管理政策设计相关的第一个阶段是脱贫攻坚期间对各类财政专项资金的使用与管理，这一阶段颁布的两个主要文件是2017年3月13日由财政部、扶贫办、国家发改委、国家民委、农业部和林业局共同印发的《中央财政专项扶贫资金管理办法》和2017年5月31日由财政部、农业部和国务院扶贫办联合发布的《关于做好财政支农资金支持资产收益扶贫工作的通知》。两个文件是为了贯彻落实《中共中央国务院关于打赢脱贫攻坚战的决定》精神，根本立足点在于通过财政资金的精准使用和规范资产收益方向以达到帮助贫困群众增收脱贫的目标，为打赢脱贫攻坚战提供有力支撑。在这一阶段，围绕扶贫资金和扶贫资产的使用与管理，要直接与贫困户的脱贫成效相挂钩，具有精准性和风险规避的特征。

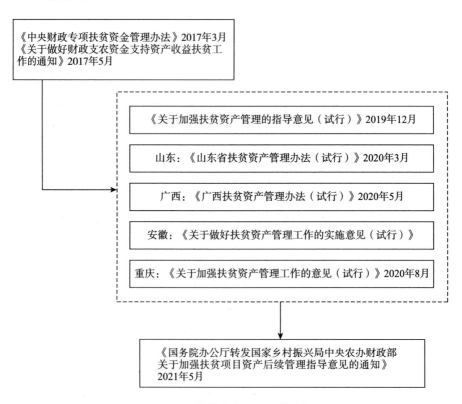

图 6-1　扶贫资产管理政策脉络

　　扶贫资产管理与监督政策设计的第二个阶段是在脱贫攻坚即将全面

收官之际，山东、山西、广西、重庆、内蒙古等地方政府陆续出台与本地区相适应的扶贫资产管理办法或实施意见。各地出台的扶贫资产管理办法正是为了适应脱贫攻坚战略与乡村振兴战略的有机衔接的新形势，各地政策文本虽然略有差异，但与扶贫资产管理有关的政策元素基本都是完备的，包括资产范围、资产分类、资产权属界定、资产确权信息登记、资产管护运营、资产收益分配和资产清查处置等，而这些也成为《通知》的核心政策元素。

最后，在中国完成脱贫攻坚任务且全面推进乡村振兴战略之际，中央政府出台加强扶贫项目资产后续管理的指导意见是恰当和必要的，同时也可以看出《通知》中关于扶贫项目资产后续管理的各项主要措施与前期地方政府出台的管理办法具有相似之处，是中央政府在各地扶贫资产管理实践和办法基础上提出的概括性、综合性和方向性的指导意见，是对全国脱贫地区扶贫资产后续管理的指导性文件。下面我们将结合政策文本对扶贫资产管理与监督政策设计的基本内容体系做相应的介绍。

如果说各个地方政府扶贫资产管理办法的要义在于持续发挥扶贫资金项目效益，确保扶贫资产安全完整，为打赢脱贫攻坚战、持续推进乡村振兴提供坚强保障，那么，《通知》则鲜明地提出将扶贫资产后续管理纳入巩固拓展脱贫攻坚成果同乡村振兴有效衔接的框架下，同时要与农村集体产权制度改革要求相衔接。换而言之，在过渡时期，扶贫资产的管理应逐渐融入农村常规化治理与经济发展进程中，突出的是扶贫资产的日常帮扶特性和资产运行的稳定长效机制的建设。为了达成这一目标，相关政策规划了相应的内容体系和主要遵循的措施（见表6-1）。

第一，扶贫资产的管理与监督需要坚持分类管理的原则，主要按照经营性资产、公益性资产和到户类资产管理。其中，经营性资产主要为具有经营性质的产业就业类项目固定资产及权益性资产，主要包括农林牧渔业产业基地、生产加工设施、经营性旅游服务设施、经营性电商服务设施、经营性基础设施、光伏电站以及资产收益扶贫项目形成的股权、债权等。公益性资产主要为公益性基础设施、公共服务类固定资产，一般包括道路交通、农田水利、供水饮水、环卫公厕、教育、文化、体育、卫生、电力等公益性基础设施。到户类资产主要为通过财政补助等形式帮助贫困户发展所形成的生物性资产或固定资产。

表6-1　扶贫资产管理与监督的基本内容体系

子项目	内容概要
资产分类管理	经营性资产、公益性资产和到户类资产的分类管理
资产确权登记	按照"谁主管、谁负责"原则明确产权归属、确权登记和资产移交
资产管理责任	依据确权主体，各级政府和部门要履行相应主体责任
资产管护运营	依据不同资产类别，明确产权主体管护责任，倡导多形式、多层次和多样化的管护模式
资产收益分配	精准、差异化扶持、坚持民主决策程序
资产盘活处置	资产的转让、拍卖、置换、报损和报废等
资产监督管理	纪律监督、审计监督、行业监督和社会监督

第二，扶贫资产实现长效运行与有效管理的前提是需要明确扶贫资产的产权归属和资产信息的登记工作，以建立产权界定清晰和权责对等的基本管理框架，达到对相应主体的激励作用。在扶贫资产的确权过程中，总体应遵循"谁主管、谁负责"的原则，按照资产的形成过程和资金构成，分类确定不同类型扶贫资产的产权归属。例如，财政资金投入村集体形成的项目资产，产权原则上归属于村集体；对经营性扶贫资产，应按照出资比例界定各相应主体的产权。因此，扶贫资产的确权要求尽可能明确到获得收益的个体和村集体经济组织。在扶贫资产产权明晰的基础上，各县级行业主管部门和乡镇（街道）人民政府对已经形成的扶贫资产应纳尽纳，做到分级分类，并建立起县级、部门、乡镇和村级登记台账，而且要求做到扶贫资产动态监测台账，以达到账账相符、账实相符。

第三，扶贫资产的后续管理责任落实要求不同政府主体履行相应的指导和监管职责。《通知》要求，对扶贫资产的后续管理，省市两级政府要做好统筹指导的工作。县级政府作为扶贫资产后续管理工作的主体责任单位，需要明确相关行业部门和乡镇政府的管理责任清单。对乡镇政府来说，要注重加强对扶贫资产后续运营的日常监管职责，对村集体所有的项目资产，村级组织要担负起监管责任。扶贫资产后续管理责任应符合"省负总责、市县乡抓落实"的工作机制，建立健全扶贫资产管理和运行的长效机制。

第四，扶贫资产管理的重点是提升管理与营运的质量，真正发挥扶贫资产巩固拓展脱贫攻坚成果和持续促进农民增收的功效。在确定扶贫资产管护运营主体时一般应遵循"受益权与管护权相结合"的原则，按照扶贫资产的不同类型确定管护责任主体。例如，对公益性扶贫资产，应该由相应的产权主体落实管护责任人和所需的管护经费，通过调整优化现有的公益性岗位来解决管护力量不足等问题，并优先聘请符合条件的脱贫人口参与管护。对经营性扶贫资产，资产所有者应在做好风险防控的基础上确定营运主体，并规定好相应的经营方式和经营期间，通过合约的方式明确各方的权利义务。例如，对经营性资产可以采用多种经营方式（包括自主经营、委托经营、承包和租赁等），要在那些有特色产业优势、财务管理健全、经营状况良好、经济实力较强的企业、村集体经济组织、农民合作社、家庭农场和产业大户等新型经营主体中择优选定，因为经营者对扶贫资产有保值增值的责任，承担项目经营风险并按月支付收益。

第五，扶贫资产后续管理的核心是优化资产分配使用，《通知》明确提出扶贫项目资产收益重点用于巩固拓展脱贫攻坚成果和全面实现乡村振兴，因此规范资产收益分配应体现精准和差异化扶持，反映出资产收益分配的日常帮扶作用，防止农村人口致贫返贫的同时持续促进农民收入增长。在规范扶贫资产的收益分配中，往往需要按照群众参与、村提方案、乡镇审核、县级备案的流程，遵守村集体民主决策程序，具体分配方案和结果应及时公开。另外，在资产分配的导向上禁止采用简单发钱发物、一分了之的做法，而应该用于帮扶困难人群、村级公益事业和项目运营维护经费。

第六，扶贫资产的后续管理要求产权所有者和相关的监管主体应该根据扶贫资产的运营状况，严格按照国有资产、集体资产管理的相关规定，在履行相应审批手续前提下对扶贫资产进行处置，包括可以采取拍卖、转让、报废等形式，以提高扶贫资产运营的效率。因此，政策文本中要求严格项目资产处置，目的在于，对那些长期闲置、效益差甚至处于亏损状态的扶贫资产，产权所有者和管护主体应立足于实际并遵照相关规定采用多种方式盘活用好扶贫资产，提升资产运营管理水平和盈利能力。同样，村集体资产的处置收入应用于巩固拓展脱贫攻坚成果和全面实现乡村振兴。

第七，扶贫资产的后续管理要求强化不同来源的监督管理，确保扶贫资产安全。纪律监督要求对扶贫资产管理中发现的贪占、挪用、哄抢、私分、截留、损坏、浪费等问题要依法严肃追究相应责任。审计监督要求上级相关部门要组成专班聘请第三方会计审计机构，每年对农村集体扶贫项目资产管理制度落实情况予以抽查。行业和社会监督要求建立落实农村集体扶贫项目资产管理制度年度检查机制，发挥驻村工作队、村务监督委员会、村集体经济组织监事会等监督作用，及时公布扶贫项目资产的运营、收益分配和资产处置的情况。

（二）扶贫资产管理与监督的政策逻辑

通过梳理扶贫资产管理的政策脉络与基本内容体系，能够知晓扶贫资产管理与监督相关政策出台的形势背景、工作原则、主要目标和主要内容措施。通过对相关政策文本的分析，我们可以进一步分析扶贫资产管理与监督背后的政策逻辑。

从政治逻辑来看，国家加强对扶贫资产后续管理的指导意见鲜明地体现出了中国共产党执政为民的特征，出台这一指导意见的根本目标在于巩固脱贫攻坚成果、促进农民收入持续增加并继续提升脱贫地区的发展质量，为社会主义农村现代化奠定基础。从大的政治背景来看，2021年是"十四五"规划的开局之年，是"两个一百年"的历史交汇点，也是开启全面建设社会主义现代化国家新征程的开局之年，农村、农业和农民现代化是社会主义现代化的组成部分，加强对脱贫地区规模庞大的扶贫资产管理是促进农村发展和农民增收的重要抓手。从小的政治形势来看，2020年完成脱贫攻坚任务以后，并不意味着对贫困的治理就结束了；另外，农村仍然存在一定规模的脆弱人群，有着致贫返贫的风险，加强扶贫资产的后续管理有利于适应新形势、新任务和新挑战，体现了发展为了人民的基本政治思想。

从经济逻辑来看，加强扶贫资产后续管理要求以产权明晰为前提，并在此基础上强调对扶贫资产进行分类管理，建立长效运行管理机制，确保扶贫项目资产稳定良性运转。因此，经济和效率原则成为扶贫资产后续管理的应有之义。对公益性扶贫资产来说，其经济逻辑体现为管护主体应在优化人力资源岗位和保障管护经费基础上完善管护标准和规范，以确保公益性扶贫资产持续发挥作用。经济逻辑体现得更为明显的是经营性扶贫资产，政策要求经营性资产的产权主体可以根据实际情况采取多种经营方式，而且对经营主体的选择、经营期限、经营风险管控都有严格要求，因此经营性扶贫资产有着较强的绩效约束，要求确保经营效益，以实现扶贫资产促进农民增收，尤其是财产性收入增加和农村集体经济的发展壮大。

从组织逻辑来看，当政策要求将扶贫资产的后续管理与监督纳入巩固拓展脱贫攻坚成果同乡村振兴有效衔接的工作来统筹部署落实时，也就意味着要求各级地方政府在扶贫资产的后续管理与监督中发挥指导、监督、管护和运营等相应责任。组织逻辑是保证扶贫资产的政治逻辑和经济逻辑取得平衡的关键力量，既要确保扶贫资产有效运行，又要保证资产收益用于巩固拓展脱贫攻坚成果和全面推进乡村振兴，避免扶贫资产流失和被侵占，甚至成为部分群体套利的途径。

三 扶贫资产管理与监督的典型案例

2021 年是全国巩固拓展脱贫攻坚成果同乡村振兴有效衔接的开局之年，有关扶贫资产管理与监督的典型案例大多来源于脱贫攻坚时期并一直延续至过渡时期。下面，我们将以河北康保县光伏发电扶贫、贵州六盘水"三变"改革和辽宁昌图县苗圃产业发展为例，来了解扶贫资产管理和运行的现状和效果。

（一）河北康保县光伏扶贫

2016 年 11 月国务院印发的《"十三五"脱贫攻坚规划的通知》中，"资产收益扶贫"部分提出开展系列资产收益扶贫工程，其中就包括光伏扶贫工程，计划在前期开展试点、光照条件较好的 5 万个建档立卡贫困村实施光伏扶贫，保障 280 万无劳动能力建档立卡贫困户户均年增收3000 元以上。《关于实施光伏发电扶贫工作的意见》提出采用资产收益扶贫的制度安排，保障贫困户获得稳定收益。一般来说，各级政府资金支持建设的村级光伏电站的资产归属于村集体所有，其收益分配方式由村集体确定安排，应将大部分收益直接分配给先前精准识别的扶贫对象，少部分可以作为村集体公益性扶贫资金使用。在扶贫对象院落安装的户用光伏系统的产权归贫困户所有，收益全部归贫困户。地方政府指定的投融资主体与商业化投资企业合资建设的光伏扶贫电站，项目资产归投融资主体和投资企业共有，收益按股比分成，投融资主体要将所占股份折股量化给扶贫对象，代表扶贫对象参与项目投资经营，按月（或季度）向扶贫对象分配资产收益。在整个脱贫攻坚期间，在具备条件的地区，光伏扶贫计划被推广开来，各地区采取不同的运行管理模式，为贫困户带来了稳定的收益，同时壮大了贫困村集体经济收入，为打赢脱贫攻坚奠定了扎实基础。

康保县地处河北坝上地区，属燕山—太行山集中连片特困地区，是国家扶贫开发重点县。2017 年底全县有建档立卡贫困人口 21425 户 41197 人，贫困发生率 16.8%，贫困人口平均年龄 57 岁，低保户占 48.9%，因病因残致贫占 54%，绝大部分为弱劳动力，不具备劳动力转移的条件，脱贫内生动力不足。

康保县委、县政府一班人充分发挥康保地处坝上高原"上风口"，光照时间长的"风""光"资源优势，抢抓张家口建设国家可再生能源示范区的历史机遇，将光伏作为产业扶贫的重要支柱，重点培育发展，激发群众脱贫动力，走出了坝上深度贫困地区生态保护与加快脱贫致富双赢的新路子。

在规划建设上，实行高位推动，成立县长任组长的光伏扶贫领导小组，统筹全县光伏扶贫规划建设工作。按照"区域化布局、规模化集中、分散式补充"的原则，通过政府投资、企业出资、金融支持、村级自筹等方式，筹资 12.46 亿元，建成村级扶贫电站 181 个 5.9 万千瓦，户用分布式电站 72 个 2.4 万千瓦，集中式光伏扶贫电站 5 个 10 万千瓦。在管理运维上，通过公开招标，确定 1 家专业公司负责光伏扶贫电站运维管理，建立云数据监测平台，完善运维、监测、管理"三位一体"运管机制。县扶农公司负责运维监管、电费结算、沟通协调等，确保光伏电站高效运行、安全生产。在资产监管上，根据光伏电站建设的出资性质，明确村级光伏扶贫电站、户用分布式电站资产归贫困村集体，投资 2014 万元将企业出资建设的 4074 千瓦扶贫电站全资回购，确保光伏扶贫电站资产权属全部归村集体所有。县扶农公司分村建立电站收益分配台账，村委会年初制定使用计划，提交村民代表大会通过后，报乡镇政府备案。县扶贫办会同审计、纪检等部门对电站收益使用进行监督管理，确保光伏收益资金安全。收益分配上，研究出台了《光伏扶贫电站建设及收益分配管理办法》，规定光伏电站资产和收益归村集体，收益的 80% 用于设置农村扶贫公益岗位工资支出，帮助有劳动能力或弱劳动能力的贫困群众脱贫致富，实现产业精准扶贫；收益的 20% 作为村集体收入，用于村内公共设施维修、孝善基金奖励、临时救助、高考奖励等。

河北康保县通过实施光伏扶贫新模式，取得的主要效果体现在以下方面：一是实现弱劳动力贫困家庭公益岗就业全覆盖，各村立足实际，开发保洁、治安、护路、管水、扶残助残、养老护理等公益性岗位 2.2 万个，解决了弱劳动力贫困群众无法转移就业难题。二是实现农村环境卫生保洁全覆盖。全县 326 个行政村开发环境卫生公益岗 1.27 万个，占公益岗总数的 57.9%，对村内、村外和道路沿线采取网格化分区，实行公益岗保洁，累计拆除残垣断壁和危旧房屋 6.3 万多处，清理积存垃圾 95 万吨。三是实现村集体收入全增加。把光伏电站收益的 20% 作为村集体资产收入，每村每年增加收入 3 万—12 万元，彻底解决了村集体无收入渠道、办事没资金的难题。

光伏扶贫是脱贫攻坚期间资产收益扶贫的典型实践，为促进贫困农户增收、打赢脱贫攻坚战奠定了良好基础。各地经光伏扶贫工程而形成的扶贫资产如何在巩固拓展脱贫攻坚成果同乡村振兴有效衔接的过渡期继续发挥其增收带动效应成为相应地方政府和产权主体面临的挑战。

（二）贵州六盘水"三变"改革

2014 年贵州六盘水市首先提出了"资源变资产、资金变股金、农民变股民"的"三变"改革，成为当地精准扶贫和脱贫的重要平台与模式。资源变资产指的是将已经确权的村集体和农户资源包括土地、林地、自然资源和闲置房屋等折价入股到企业、合作社和家庭农场等新兴经营主体，以变成拥有股份权利的资产。资金变股金指的是根据相关资金管理使用办法，各级各部门投入农村的发展生产和扶持类的财政支农资金和资产收益投入企业、合作社和其他经济组织，量化为农户或村集体持有的股金，享受股份权利并按照股份比例获得收益。农民变股民指的是农民将自身具备的生产要素包括土地经营权、技术和劳动力等投入企业、合作社等经济组织，按照合约，农民获得定期收益和分红，农民由此变成股权投资人。六盘水的"三变"改革致力于盘活农村的闲散资源，通过产业发展将贫困群众和新兴农业经营主体联结起来，从而达到促进农民稳定持续增收的目标。在六盘水的"三变"改革实践中，逐渐形成了"三变" + 特色产业 + 贫困户、"三变" + 村集体经济 + 贫困户、"三变" + 乡村旅游 + 贫困户、"三变" + 企业 + 贫困户、"三变" + 合作社 + 贫困户等多种扶贫模式，取得了较好的成效。[①]

"三变"改革的核心是将农村集体资源盘活，通过搭建产业化的平台，村集体和农户能够和市场化的经营主体建立利益联结机制，在提高村集体和贫困户收入的同时激发农民创业干事情的激情，具备较好的规模带动效应。依据程蹊在六盘水调研所得的数据，"三变"改革具有较好的扶贫带动效应：以六盘水水城县玉舍镇海坪村为例，2014 年该村将 315 亩荒山荒坡地集体入股当地"野玉海山地旅游度假区彝族风情街"项目，该项目由当地景区管委会开发运营。依据项目协议，村集体和农户共占股 30%，管委会占股 70%，每年村集体可分红约 20 万元。2016 年，该村分红 22.8 万元，分配方案为：村集体委托投资的金额为 2.28 万元，分配给村集体公共设施建设的资金为 11.8 万元，190 户贫困农户每户分红 159 元，533 户一般农户每户分红 107 元。[②]

据统计，六盘水市经过 3 年多的"三变"试点，取得了显著的成效：贫困户从"三变"中获取的股权收益高达 1.12 亿元，股权收益脱贫 6.59 万人，脱贫率为 23.1%。[③] 随后，安徽、重庆等地也借鉴六盘水"三变"改革的经验，盘活农民的资产收益权，扎实地提高了农民

① 谢治菊：《"三变"改革助推精准扶贫的机理、模式及调适》，《甘肃社会科学》2018 年第 4 期，第 48—55 页。

② 程蹊：《集体资产收益扶贫：典型模式和经验总结》，《湖北社会科学》2019 年第 9 期，第 75—80 页。

③ 谢治菊：《"三变"改革助推精准扶贫的机理、模式及调适》，《甘肃社会科学》2018 年第 4 期，第 48—55 页。

收入。

当然，"三变"并不是针对扶贫资产管护的专门改革，它是对农村统分结合经营体制的一种革新。在过渡时期，各地可以吸取"三变"改革的有益经验来推进扶贫资产的后续管理与监督，以巩固脱贫攻坚成果和持续促进农民收入水平的提高。

（三）辽宁昌图县：苗圃产业助推脱贫攻坚成果巩固

辽宁省昌图县鴜鹭树镇距县城 30 公里，全镇面积 140.62 平方公里，耕地面积 111207 亩，辖 14 个行政村 106 个村民小组 7267 户 24220人。2016 年以前鴜鹭树镇有建档立卡户 505 户 1074 人，2 个贫困村，全镇 C、D 级危房 153 户，人均收入在 3000 元以下，百姓生活内生动力不足，镇内务工岗位偏少，各村环境脏、乱、差，水、路、电入户率较低，产业覆盖率低。2016 年，镇党委研究决定，将苗圃作为全镇的扶贫产业，由镇里统一经营，兼顾扶志与扶智，保障项目管理实施的稳定性、安全性和长效性。

为了充分发挥苗圃产业的扶贫带动作用，持续稳定地提高贫困户收入，鴜鹭树镇采取了以下做法。

一是成立精准扶贫苗圃分会，指导引领苗圃产业发展。苗圃分会全部由建档立卡人口入会，入会入股人数 1009 人，主要经营杨、柳树苗木及美化绿化树种。2016 年，鴜鹭树镇投资 25.425 万元，流转土地 15亩，实现 15 万元收益。截至目前，鴜鹭树镇苗圃基地建设总面积 537亩，分布在 14 个村，共培育杨树苗 16.5 万株，柳树苗 2 万株，金叶垂榆、金叶榆、红叶榆叶梅、多季玫瑰、四季锦带、东北连翘、紫叶水腊、金叶、紫叶风箱果、丁香等花灌木类苗木 50.5 万株，累计投资524.675 万元。截至 2021 年，鴜鹭树镇苗圃产业已实现收入 690 万元，累计分红 175 万元。

二是成立贫困人口务工分会，激发贫困户内生动力。在镇、村生态建设、环境治理、"四好"路建设等工作中设置就业岗位，让建档立卡户中有劳动能力的 103 人参与其中，通过劳动实现价值、激发动力、增加收入。截至 2021 年，仅苗圃产业发放建档立卡户务工工资就达 235 万元，从根本上解决了贫困群众的就近就业难问题。

三是强化服务理念。鹭鹭树镇党委、政府从项目论证、项目选定到项目跟踪开展全程服务，选派 14 名第一书记和 14 名包村党建指导员下沉到村，帮助指导各村抓好班子建设、发展规划、项目建设等问题，用活村级集体经济发展模式。

苗圃产业项目在鹭鹭树镇的实施，取得了较好的成效。第一，苗圃产业的不断发展壮大，使建档立卡户得到了实实在在的收益。截至 2021 年，共为贫困户发放分红 175 万元，支付务工工资 235 万元。苗木培育两年为一个周期，第一个周期全部苗圃投资已经基本收回，全部作为分红及工资发给了贫困户，每人分红三次，每次 1000 元，有的贫困户一年务工就能挣 1 万多元。第二，通过精准扶贫苗木打造生态鹭鹭，全镇 106 个自然屯绿化达 80% 以上，形成路有林网、屯有花树、路肩有花草的立体生态模式。截至 2021 年，已打造完成万米绿化美化带 3 条。通过划河指界工程，种植杨柳树 10 余万棵 1000 余亩。所有用工和所用苗木全部由精准扶贫苗圃和建档立卡人口完成。第三，鹭鹭树镇充分利用上级扶持政策，发展林业经济、实体经济、特色化产业，推动各村集体经济进一步壮大。例如，2021 年，鹭鹭树镇结合各村资源优势，实施了柳条村柳条沟种植专业合作社、腰道村朱玉军专业合作社、许家村昌兴种植专业合作社等 7 个项目，投入乡村振兴补助资金 161.5 万元，助力壮大村级集体经济，有效提高村级项目带贫益贫能力。第四，通过财政奖补和以工代赈的方式，极大地激发了脱贫户的内生动力，让他们从事苗木栽植、挖坑等苗圃劳动，并把他们按道班养路工方式，一人分一段，从事乡村路的看护和养护，特别是花树的管护，激发了贫困群众的内生动力，农村环境治理、农村"四好"路、农村生态建设没人干没钱干问题很好地解决了。

从河北康保县光伏扶贫、贵州六盘水"三变"改革经验和辽宁昌图县苗圃产业发展三个典型案例，可以看到在脱贫攻坚时期各地对扶贫资金使用、扶贫资产运营、扶贫资产收益分配等问题进行了有益的探索，也形成了多种多样的模式，各地政府搭建各种产业发展平台，将各种新型经营主体与贫困户的利益联结起来，促进了贫困户收入，为打赢脱贫攻坚战奠定了良好的基础。然而，现有的典型案例基本集中在经营性扶贫资产，对于公益性扶贫资产管护模式的探索，各个地方做的仍不够充分，有待在过渡期的资产后续管理中进一步加强。

四　扶贫资产管理与监督的困难与挑战

（一）扶贫资产摸底与确权任务繁重

扶贫资产的摸底与确权是优化资产管理与运营的前提，只有将脱贫地区每一种类型的扶贫资产确权到特定的主体，才能够提供激励的同时明确不同产权主体的权利与责任，做到权责对等。然而，我们必须承认，由于在脱贫攻坚时期构建起专项扶贫、行业扶贫、社会扶贫互为补充的大扶贫格局，投入脱贫农村地区的资金规模前所未有，既包括各级财政专项资金、贫困县财政涉农统筹整合资金，也包括各种渠道的社会扶贫资金，形成了规模庞大的扶贫资产。在这样的背景下，各个脱贫地区在扶贫资产后续管理与监督方面面临的第一个困难与挑战就是扶贫资产模式与确权登记的工作任务繁重，需要协调各方力量完成。

扶贫资产摸底与确权工作任务繁重主要体现在以下几个方面：第一，扶贫资产摸底和确权登记内容分布范围广，需要按照经营性、公益性和到户类资产分类摸底，弄清楚众多信息条目，包括资产名称、类别、购建时间、预计使用年限、数量、单位、原始价值、资金来源构成、净值、所有权人、使用权人、收益权人、收益分配及资产处置、监管主体等信息。因此，县、乡镇、村三级要对已形成的扶贫资产分级登记造册，按照要求建立扶贫资产总台账和分台账，并按有关会计制度完善财务账目。第二，扶贫资产的摸底和确权需要协调县、乡镇和村各个层级的主体，按照扶贫资产的资金构成来源和比例确定相应的产权主体，因此，扶贫产权的确权牵涉多元化主体，协调成本较高。正如某县的扶贫资产管理办法规定的："县扶贫办、县农业农村局、县发改局、县财政局、县水利局、县交通局、县资源规划局、县住建局、县林业局、县卫健局、县教体局、县人社局、县文旅局、县城管局、县医保局、县金融办、县电力局、网络公司等涉及扶贫资金的部门建立总台账，要完整反映扶贫资产的增减变化和使用情况，做到账账相符、账实相符。"因此，扶贫资产的确权对乡村振兴部门的协调功能提出较大挑战。第三，由于扶贫资产形成的路径多样，要求资产确权到相应主体和个人本身挑战较大，可能因产权争议而造成资产后续管理困境。在脱贫攻坚期间，在推进产业项目发展时，资金来源多元且往往与众多主体相关联，但是在后续扶贫资产的确权时可能因股份权利分配而出现争议，给扶贫资产的摸底确权带来新的挑战。

（二）扶贫资产管护监督职责模糊

与扶贫资产确权相关的另一个困难和挑战是扶贫资产管护监督职责的模糊。一般来说，扶贫资产的管护监督按照"受益权与管护权相统一、所有权与监督权相统一"的原则进行，但是由于存在所有权确权挑战和多元主体问题，扶贫资产的后续管护与监督陷入一种模糊状态，从而间接导致经营性资产闲置和效益亏损，公益性资产管理维护不达标。

首先，就经营性扶贫资产而言，由于资产所有权人可能采取委托经营、承包和代理服务等经营方式，尤其那些需要专业化运营的扶贫资产，可能存在委托—代理中的信息不对称问题。相比经营性资产的所有权人，资产的实际运营主体对项目的运行状况可能具备更加完善的信息，使得部分经营者利用信息优势来弱化产权所有人的监督功能，导致扶贫资产收益可能只满足部分主体的利益。

其次，就公益性扶贫资产而言，主要体现在不同产权主体对管护监督职责的互相推诿和模糊认定。公益性扶贫资产的产权主体往往是各级政府和相应的行业部门。以公路养护责任为例，按规定，县交通局的管护责任只到等级公路，而行政村内部的公路应归属于村集体管护，但是在村一级，部分村集体持"谁建造、谁负责"的观点，两者之间存在矛盾。

（三）扶贫资产收益分配机制不完善

首先，《通知》要求在规范扶贫资产收益分配使用中应注重收益重点用于巩固拓展脱贫攻坚成果和全面实现乡村振兴，并且资产收益分配需要体现精准性和差异性扶持原则，然而，对大多数的资产收益扶贫项目来说，项目资产的所有权、经营权和收益权往往是分离的，因为项目所有权和经营权往往在乡镇政府或村委会，而收益权在贫困户。[1] 在这样的情势下，本应优先获得资产收益扶贫的脱贫不稳定户和边缘易致贫户的利益可能受到忽视，进而可能扩大村内的不平等状况。

其次，扶贫资产收益分配机制的不完善与项目资产的运营也存在一定的关系。资产收益扶贫项目往往通过"产业 + 新型农业经营主体 + 村集体 + 农户"的方式来进行，但是由于很多扶贫产业在发展带动方面主要落脚在龙头企业、农投公司、种植大户上，对村集体尤其是贫困户的带动效应却比较有限，因此村集体经济收入的壮大和贫困户财产性收入增收效果不明显。因此，有必要进一步优化后续扶贫资产收益分配的方向，提高产业发展对脱贫不稳定户和边缘易致贫户的带动和财产性收入的增加。

（四）缺乏到户资产管理的政策引导

虽然扶贫项目资产按照类型可以划分为经营性、公益性和到户类扶

---

[1] 徐志明：《资产收益扶贫的机制创新与现实困境》，《现代经济探讨》2019 年第 11 期，第 113—116 页。

贫资产，但《通知》对扶贫资产后续管理与监督的重点放在经营性和公益性扶贫资产，对到户类资产如何加强政策引导，促进到户类资产高效良性运营的关注却不多，只是提出："对到户类资产，由农户自行管理，村级组织和有关部门要加强引导和帮扶，使得到户扶贫项目资产更好地发挥效益。"这样的政策，容易使得各级政府和相关部门忽视对到户类资产的政策引导，从而给到户类资产的闲置、流失和亏损埋下隐患。

对到户类扶贫资产管理缺乏相应的政策引导主要有两个方面的原因。第一，按照扶贫资产确权的逻辑（谁主管、谁负责的原则），将扶贫资产确权到个体农户时，农户能够对自身拥有的资产自行管理。然而这一逻辑却忽略了个体农户资产运营能力较低和风险抵抗能力较弱的现实，需要加强引导和指导。第二，现有政策主要重视龙头企业和种植大户对乡村产业发展与振兴的带动效应，一定程度上忽视了个体农户经营本身具有的积极性和对农村整体效益的提升。因此，在扶贫资产的后续管理与监督中，可以有意识地加强对到户类扶贫资产的政策引导和政策激励。

五　讨论与建议

（一）小结与讨论

在巩固拓展脱贫攻坚成果同乡村振兴有效衔接的过渡期内，加强扶贫资产的后续管理与监督是对开发式扶贫政策的延续，强调以资产拓展为中心，以达到壮大农村集体经济、促进农民持续增收和提高各脱贫地区的整体发展水平。本章首先从政策设计的角度考察了扶贫资产管理与监督的政策脉络、内容体系和这一设计背后的政策逻辑。过渡期内扶贫资产管理与监督政策是针对脱贫攻坚时期因各种扶贫资金投入而形成的大规模资产如何盘活和高效运营而设计的，它包括扶贫资产的确权登记、管理责任、管护运营、收益分配、资产处置和监督管理等基本内容，有其特定的政治、经济和组织逻辑。本章通过河北康保县光伏扶贫、贵州六盘水"三变"改革和辽宁昌图县苗圃产业发展这三个典型案例来说明资产收益扶贫的基本模式和有益做法。最后，总结了扶贫资产管理与监督的困难与挑战，包括扶贫资产摸底与确权任务重、扶贫资产管护与监督职责模糊、扶贫资产收益分配机制不完善和到户类资产管理缺乏政策引导等。

针对扶贫资产的管理与监督，有一个问题值得讨论，各地在脱贫攻坚期间已经就扶贫资产的管理、运营和监督形成各种做法、经验和模式，但主要的背景和目标是完成脱贫攻坚任务，脱贫攻坚任务完成后，扶贫资产的管理和监督面临如何与乡村振兴有效衔接的问题，这两者在形势背景、工作原则、主要举措和目标方向上存在不同，这也就为各地扶贫资产管理与监督提出了新的挑战。比如，随着产业扶持政策的调整，原有的新型经营主体如何一旦经营效益不理想，难以达到脱贫攻坚时期对脱贫户的分红承诺，如何对新型经营主体可能遭遇的风险做好预防性措施？新的时期，对于资产收益的分配方案如何拟定？是按照原有贫困户的标准平均分配还是集中在特定农户手中？

（二）对策与建议

针对前文提到扶贫资产摸底与确权任务重、扶贫资产管护与监督职责模糊、扶贫资产收益分配机制不完善和到户类资产管理缺乏政策引导的困难与挑战，课题组提出以下对策与建议。

第一，为了顺利且高效地完成扶贫资产的全盘摸底与确权登记，各脱贫地区应该创新工作体系（例如，形成摸底与确权登记的工作专班），形成以乡村振兴部门为核心，各行业部门协调配合、全县域共同参与的工作方法，尽可能将每种类型的扶贫资产一次确权到具体的集体、农户和个体。对那些按照现行规定无法实现一次确权的扶贫资产，各脱贫地区应结合农村集体产权制度改革推进资产确权工作，使得扶贫资产达到服务于巩固拓展脱贫攻坚成果和全面推进乡村振兴的目标。

第二，按照扶贫资产分类管理的原则，以明确所有权、放活经营权和落实监督权为主要目标来推进扶贫资产管护与监督职责的工作。在明确所有权方面，如无法将资产确权到特定主体，各地方可依据实际条件，参考农村集体产权制度改革要求，由县人民政府指定或者村集体通过村民集体大会来确定产权归属。在扶贫资产产权明晰的基础上，对经营性扶贫资产，产权主体应该与主要经营主体以合约的形式明确双方的权利与义务，避免多个经营主体共同运营的状况；对公益性扶贫资产，产权主体应通过公益性岗位开发等形式将管护人明确到具体的个体，并且需要通过与上级政府和部门协商，明确县、乡、村三者的权责范围。

第三，创新利益联结机制，应注重将扶贫资产收益分配尽可能向产业链的上端迁移，在保证巩固拓展脱贫攻坚成果的基础上将收益用于全面推进乡村振兴。在扶贫资产后续的管理与监督中，一方面，各地在创新资产管护模式时，应注重在新型经营主体、一般农户和低收入农户中取得平衡，在产业发展中应注重选取有特色产业优势、财务管理完善、经营状况良好且乐于投入农业农村现代化发展的新型农业经营主体；另一方面，在扶贫资产收益分配的过程中，收益重点应聚焦在脱贫不稳定户、边缘易致贫户和突发严重困难户，在巩固脱贫攻坚成果基础上推进乡村振兴。

第四，注重对到户类扶贫资产的政策激励与引导，发挥个体农户在巩固拓展脱贫攻坚成果同乡村振兴有效衔接中的独特作用，增强农户发展的内生动力。县、乡、村可以根据各地实际，制定符合本地区到户类扶贫资产管理运营的指导意见，在出台指导意见时应注重按照到户类扶贫资产的类型提供不同的激励安排和管护建议。鼓励各地小范围试验对比到户类扶贫资产与经营性扶贫资产的效益，并据此调整经营性扶贫资产和到户类扶贫资产管理运营的指导意见，真正发挥经营性和到户类扶贫资产在巩固拓展脱贫攻坚成果同乡村振兴有效衔接中的作用。

第七章　提升村级治理水平和发展能力

党的十九大提出"实施乡村振兴战略"，并明确了"产业兴旺、生态宜居、乡风文明、治理有效、生活富裕的总要求"。实现乡村治理有效是乡村振兴的重要内容，推进乡村治理体系和治理能力现代化，才能夯实乡村振兴的基层基础。提升乡村治理水平要尊重农村特点，充分发挥基层党组织的引领作用，多种治理方式相结合，以自治激活力、以法治强保障、以德治扬正气，构建共治共享的社会治理格局。

一　背景与形势

党的十八大以来，以习近平同志为核心的党中央把脱贫攻坚摆在治国理政的突出位置，把脱贫攻坚作为全面建成小康社会的底线任务，组织开展了声势浩大的脱贫攻坚人民战争。习近平总书记在全国脱贫攻坚总结表彰大会上的讲话中指出，在全党和全国各族人民的共同努力下，困扰中华民族几千年的绝对贫困问题已历史性地得到解决，脱贫攻坚的成果举世瞩目。在 2020 年年底，我国现行标准下农村贫困人口全部实现脱贫、贫困县全部摘帽、区域性贫困得到解决。①

在打赢脱贫攻坚战的过程中，我国在乡村治理方面也取得了显著的成绩。第一，基层党组织建设得到加强，党群干群关系改善，党在农村的执政基础更加牢固。坚持抓党建促脱贫攻坚，整顿软弱涣散基层党组

---

① 习近平：《在全国脱贫攻坚总结表彰大会上的讲话》，《人民日报》2021 年 2 月 26 日，第 2 版。

织，精准选派贫困村党组织第一书记、驻村工作队，把优秀党员选配到村党组织书记岗位上。2013 年以来，全国累计选派 25.5 万个驻村工作队、300 多万名第一书记和驻村干部开展精准帮扶。[①] 第二，乡村治理能力进一步提升。村级集体经济得到发展，2020 年底全国贫困村的村均集体经济收入超过 12 万元[②]，全国半数以上的村集体经营收益大于 5 万元[③]，增强了村级组织自我保障和服务群众的能力。专业技术人员、企业家、高校毕业生等人才队伍不断壮大，为农业农村现代化发展提供了智力支持与人才保障。第三，脱贫群众精神风貌焕然一新，广大群众的积极性、主动性和创造性得到激发和调动。广大脱贫群众激发了奋发向上的精气神，社会主义核心价值观得到广泛传播，文明新风得到广泛弘扬，艰苦奋斗、苦干实干、用自己的双手创造幸福生活的精神在广大贫困地区蔚然成风。[④]

现阶段，我国进入了脱贫攻坚与乡村振兴有效衔接的时期，做好巩固拓展脱贫攻坚成果同乡村振兴有效衔接，关系到构建以国内大循环为主体、国内国际双循环相互促进的新发展格局，关系到全面建设社会主义现代化国家全局和实现第二个百年奋斗目标。[⑤] 党的十八届三中全会决定将乡村治理推进到一个新阶段，党的十九大则在乡村振兴战略中提出了"三治合一"的乡村治理体系。这对加强乡镇政府服务与管理，实现村民自治、乡村治理具有重大的理论意义和深远的实

---

① 《〈人类减贫的中国实践〉白皮书》，中国政府网，2021 年 4 月 6 日，http：//www. gov. cn/zhengce/2021 – 04/06/content_5597952. htm。

② 《〈人类减贫的中国实践〉白皮书》，中国政府网，2021 年 4 月 6 日，http：//www. gov. cn/zhengce/2021 – 04/06/content_5597952. htm。

③ 《对十三届全国人大四次会议第 1381 号建议的答复》，中华人民共和国农业农村部网站，2021 年 8 月 14 日，http：//www. moa. gov. cn/govpublic/zcggs/202108/t20210825_6374838. htm。

④ 习近平：《在全国脱贫攻坚总结表彰大会上的讲话》，《人民日报》2021 年 2 月 26 日，第 2 版。

⑤ 《中共中央　国务院关于实现巩固拓展脱贫攻坚成果同乡村振兴有效衔接的意见》，中国政府网，2021 年 3 月 22 日，http：//www. gov. cn/zhengce/2021 – 03/22/content_5594969. htm。

践意义。[1] 2018 年中央一号文件指出，"乡村振兴，治理有效是基础"，治理有效是乡村振兴的重要保障，从"管理民主"到"治理有效"，是要推进乡村治理能力和治理水平现代化，让农村既充满活力又和谐有趣。[2] 只有通过推进乡村治理，才能创造稳定的乡村社会环境，实现广大农民的切身利益。

二 提升村级治理能力的政策设计

《中共中央 国务院关于实现巩固拓展脱贫攻坚成果同乡村振兴有效衔接的意见》明确指出，脱贫攻坚目标任务完成后，设立 5 年过渡期，贫困地区要根据形势变化，将工作重点转向实现乡村产业兴旺、生态宜居、乡风文明、治理有效、生活富裕，从集中资源支持脱贫攻坚转向巩固拓展贫困攻坚成果和全面推进乡村振兴。[3]《乡村振兴战略规划（2018—2022 年）》《中共中央 国务院关于全面推进乡村振兴加快农业农村现代化的意见》《中华人民共和国乡村振兴促进法》《中共中央 国务院关于加强基层治理体系和治理能力现代化建设的意见》等文件指出，要通过坚持和加强党对乡村治理的集中统一领导，健全完善"三治融合"治理体系，提升村庄发展能力，努力建设充满活力、和谐有序的善治乡村。

（一）加强党组织对乡村振兴的全面领导

中国特色减贫道路，是中国人民在中国共产党的领导下，经过长期

---

① 陈庆立、左停：《完善乡村治理机制，提升乡村治理水平》，《学术探索》2018 年第 5 期，第 63—68 页。

② 《中共中央 国务院关于实施乡村振兴战略的意见》，中国政府网，2018 年 2 月 4 日，http://www.gov.cn/zhengce/2018-02/04/content_5263807.htm。

③ 《中共中央 国务院关于实现巩固拓展脱贫攻坚成果同乡村振兴有效衔接的意见》，中国政府网，2021 年 3 月 22 日，http://www.gov.cn/zhengce/2021-03/22/content_5594969.htm。

艰辛探索开创出来的一条成功道路^①，坚持党的全面领导是中国消除绝对贫困的宝贵经验之一。坚持党的全面领导，是实现巩固拓展脱贫攻坚成果同乡村振兴有效衔接的主要原则之一。乡村治理是一项涉及面广的系统工程，需要坚持和加强党对乡村治理工作的领导。

第一，通过落实五级书记抓乡村振兴，进一步强化党的领导，一抓到底。要坚持中央统筹、省负总责、市县乡抓落实的工作机制，充分发挥各级党委总揽全局、协调各方的领导作用，省市县乡村五级书记抓巩固拓展脱贫攻坚成果和乡村振兴。^② 将脱贫攻坚工作中形成的组织推动、要素保障、政策支持、协作帮扶、考核督导等工作机制，根据实际需要运用到推进乡村振兴，建立健全上下贯通、精准施策、一抓到底的乡村振兴工作体系。县委书记应当把主要精力放在"三农"工作上，并对县乡村三级党组织书记进行乡村振兴轮训。^③ 同时运用考核指挥棒，健全五级书记抓乡村振兴考核机制，对党委和政府主要负责人、农村基层党组织书记履职情况开展督查考核，并将考核结果作为干部选拔任用、评先奖优、问责追责的重要参考。^④

第二，向重点乡村持续选派第一书记和工作队，巩固与强化基层党组织的领导作用。中共中央办公厅印发了《关于向重点乡村持续选派驻村第一书记和工作队的意见》，明确了第一书记和工作队的选派范围。意见指出，对脱贫村、易地扶贫搬迁安置村（社区），继续选派第一书记和工作队，将乡村振兴重点帮扶县的脱贫村作为重点，加大选派

---

① 《〈人类减贫的中国实践〉白皮书》，中国政府网，2021年4月6日，http://www.gov.cn/zhengce/2021-04/06/content_5597952.htm。

② 《中共中央 国务院关于实现巩固拓展脱贫攻坚成果同乡村振兴有效衔接的意见》，中国政府网，2021年3月22日，http://www.gov.cn/zhengce/2021-03/22/content_5594969.htm。

③ 《中共中央 国务院关于全面推进乡村振兴加快农业农村现代化的意见》，中华人民共和国农业农村部网站，2021年2月21日，http://www.moa.gov.cn/xw/zwdt/202102/t20210221_6361863.htm。

④ 《中共中央印发〈中国共产党农村工作条例〉》，中国政府网，2019年9月1日，http://www.gov.cn/zhengce/2019-09/01/content_5426319.htm。

力度。对巩固脱贫攻坚成果任务较轻的村，可从实际出发适当缩减选派人数。各地要选择一批乡村振兴任务重的村，选派第一书记或工作队，发挥示范带动作用。对党组织软弱涣散村，按照常态化、长效化整顿建设要求，继续全覆盖选派第一书记。对其他类型村，各地可根据实际需要作出选派安排。①

第三，强化乡村基层组织运转经费保障。通过引导地方建立以财政投入为主的村级组织运转经费保障体制，不断增强农村基层党组织政治功能和组织力，进一步激发凝聚力和战斗力。财政部、中共中央组织部印发《关于建立政策增长机制　进一步加强村级组织运转经费保障工作的通知》指出，自 2020 年起，将村干部基本报酬和村级组织办公经费两项合计由每村每年不低于 10 万元，提升至每村每年不低于 11 万元，建立正常增长机制，进一步健全以财政投入为主的稳定村级组织运转经费保障制度。②

（二）健全"三治"融合的基层治理体系

中共中央办公厅、国务院办公厅 2019 年印发的《关于加强和改进乡村治理的指导意见》提出，要以自治增活力、以法治强保障、以德治扬正气，健全党组织领导下的自治、法治、德治相结合的乡村治理体系，构建共建共治共享的社会治理格局，走中国特色社会主义乡村善治之路。③ 健全党组织领导的自治、法治、德治相结合的"三治融合"治理体系是指基层党组织通过领导乡村多元治理主体、融合多元治理规则、采取多元治理工具，以人民为中心，实现乡村善治目标。这是我国

① 《中共中央办公厅印发〈关于向重点乡村持续选派驻村第一书记和工作队的意见〉》，中国政府网，2021 年 5 月 11 日，http：//www.gov.cn/zhengce/2021 – 05/11/content_ 5605841.htm。
② 《财政部　中共中央组织部关于建立政策增长机制　进一步加强村级组织运转经费保障工作的通知》（财农〔2020〕41 号）。
③ 《中共中央办公厅　国务院办公厅印发〈关于加强和改进乡村治理的指导意见〉》，中国政府网，2019 年 6 月 23 日，http：//www.gov.cn/zhengce/2019 – 06/23/content_5402625.htm。

乡村治理实践的智慧成果，也是党中央从历史角度和全局高度做出的重要决策部署。[①]

1. 深化村民自治实践，提升自治能力

1987 年通过的《中华人民共和国村民委员会组织法（试行）》在总结基层乡村自治实践经验的基础上，用法律形式系统规定了中国特色乡村自治制度的基本内容。明确村民自治的基本原则是自我管理、自我教育、自我服务，在实践中又具体化为村民的民主选举、民主决策、民主管理、民主监督四项民主权利和民主制度。[②] 自 1987 年颁布《中华人民共和国村民委员会组织法（试行）》以来，进行了两次修订，各省、自治区、直辖市也根据各自的实际情况制定了实施办法，中国村民自治逐渐走向制度化、规范化。[③] 深化村民自治实践，需要健全基层群众自治制度。

第一，要加强村民委员会规范化建设。坚持党组织领导基层群众性自治组织的制度，建立基层群众性自治组织法人备案制度，加强集体资产管理。村（居）民委员会下设人民调解、治安保卫、公共卫生等委员会，还应设妇女和儿童工作等委员会。完善村民委员会成员履职承诺和述职制度，确保责任落实。

第二，要加强农村群众性自治组织建设，健全自治机制。完善农村民主选举、民主协商、民主决策、民主管理、民主监督制度。规范村民委员会等自治组织选举办法，健全民主决策程序。全面落实村（社区）"两委"班子成员资格联审机制，坚决防止政治上的两面人、受过刑事处罚、存在"村霸"和涉黑涉恶及涉及宗族恶势力等问题人员等进入

---

① 章文光、宫钰：《健全"三治融合"乡村治理体系，助力乡村振兴》，光明网，2021 年 6 月 22 日，https：//theory. gmw. cn/2021－06/22/content_34939032. htm。

② 张天佐：《健全乡村治理体系 筑牢乡村振兴基石——我国乡村治理模式变迁及发展》，《农村经营管理》2021 年第 7 期，第 14—16 页。

③ 张树旺、谢小兰、杨秋婷：《乡村振兴战略实施背景下村民自治制度的完善路径与演进逻辑——基于 184 份政策文本的内容分析》，《中国发展》2020 年第 5 期，第 88—92 页。

村"两委"班子。进一步完善民主协商格局。依托村民会议、村民代表会议、村民议事会、村民理事会等，形成民事民议、民事民办、民事民管的多层次基层协商格局。拓宽群众反映意见和建议的渠道，聚焦群众关心的民生实事和重要事项。创新村民议事形式，完善议事决策主体和程序，落实群众知情权和决策权。

第三，健全村务监督机制。全面建立健全村务监督委员会，完善党务、村务、财务公开制度，接受群众监督。强化基层纪检监察组与村务监督委员会的沟通协作、有效衔接，形成监督合力。

2. 推进乡村法治建设，提升治理法治化水平

第一，要提高农民法治素养，引导干部群众尊法学法用法。[①] 加强乡村法治宣传教育，利用乡村已有公共文化设施，统筹运用基层法治宣传阵地，为群众搭建有效学法平台。在宣传内容上，推动法治文化与民俗文化、乡土文化融合发展，创作具有乡土文化特色、群众喜闻乐见的法治文化作品。对村"两委"班子成员、村务监督委员会委员进行法治培训，提高运用法治思维和法治方式处理相关事务的能力。[②]

第二，要完善乡村依法治理的制度化建设。用法治思维引领乡村治理，依照法律法规和村规民约处理村务并规范乡村干部群众行为，形成完善的监督体系。维护村民委员会、农村集体经济组织、农村合作经济组织的特别法人地位和权利，全面推行村党组织书记通过法定程序担任村民委员会主任和村级集体经济组织、合作经济组织负责人，村"两委"班子成员应当交叉任职。依法制定和完善村民自治章程、村规民约等自治制度，并健全合法有效的村规民约落实执行机制。建立健全小微权力监督制度，编制村级小微权力清单，并形成群众监督、村务监督委员会监督、上级党组织和有关部门监督与会计核算监督、审计监督等

---

① 《中共中央 国务院印发〈乡村振兴战略规划（2018—2022年）〉》，中国政府网，2018年9月26日，http://www.gov.cn/zhengce/2018-09/26/content_5325534.htm。

② 《中央全面依法治国委员会印发〈关于加强法治乡村建设的意见〉》，《光明日报》2020年3月26日，第3版。

全程实时、多方联网的监督体系。

第三，要健全乡村公共法律服务体系。要加快建设多种法律服务平台，为乡村提供普惠优质高效的公共法律服务；加强乡村法律顾问工作，充分发挥律师、基层法律服务工作者作用，为基层组织和人民群众提供优质便捷的法律服务；加强涉农法律援助、司法救助和公益法律服务等工作，尤其是与农民生产生活紧密相关的事项。[①]

3. 充分发挥德治作用，提升乡村德治水平

我国农耕文明源远流长、博大精深，是中华优秀传统文化的根。很多风俗习惯、村规民约等具有深厚的优秀传统文化基因，至今仍然发挥着重要作用。要在实行自治法治的同时，发挥好德治的作用。[②]《乡村振兴战略规划（2018—2022年）》指出，德治能够滋养法治、涵养自治，应当让德治贯穿乡村治理全过程。

充分发挥德治在乡村治理中的作用，第一要深入挖掘乡村熟人社会中的道德规范，汲取中华优秀传统文化的思想精华和道德精髓。中华优秀传统文化讲仁爱、重民本、守诚信、崇正义、尚和合、求大同的时代价值，都是涵养社会主义核心价值观的重要源泉，社会主义核心价值观与中华传统美德的结合赋予了德治新的时代内涵。[③]

第二，建立相应机制，充分发挥道德教化和约束作用。比如健全村（社区）道德评议机制，开展道德模范评选表彰活动，注重发挥家庭家教家风在基层治理中的重要作用，积极发挥新乡贤作用，引导农民自我管理、自我教育、自我服务、自我提高，实现家庭和睦、邻里和谐、干

---

① 《中央全面依法治国委员会印发〈关于加强法治乡村建设的意见〉》，《光明日报》2020年3月26日，第3版；《中共中央办公厅 国务院办公厅印发〈关于加快推进公共法律服务体系建设的意见〉》，中国政府网，2019年7月10日，http://www.gov.cn/zhengce/2019-07/10/content_5408010.htm。

② 习近平：《在十九届中央政治局第八次集体学习时的讲话》，载于中共中央党史和文献研究院编《习近平关于"三农"工作论述摘编》，中央文献出版社，2018，第137页。

③ 吕浩然：《"三治"融合助推乡村治理现代化》，国家乡村振兴局网站，2021年6月10日，http://www.cpad.gov.cn/art/2021/6/10/art_56_189943.html。

群融洽。

第三，开展各项专项行动，深入推进移风易俗。遏制大操大办、相互攀比、"天价彩礼"、薄养厚葬等陈规陋习；加强无神论宣传教育，抵制封建迷信活动；深化农村殡葬改革；组织开展科学常识、卫生防疫知识、应急知识普及和诚信宣传教育，深入开展爱国卫生运动；等等。

第四，发展公益慈善事业。要完善社会力量参与基层治理激励政策，创新社区与社会组织、社会工作者、社区志愿者、社会慈善资源的联动机制，支持建立乡镇（街道）购买社会工作服务机制和设立社区基金会等协作载体，吸纳社会力量参加基层应急救援。完善基层志愿服务制度，大力开展邻里互助服务和互动交流活动，更好满足群众需求。①

（三）发展和壮大集体经济

实施乡村振兴战略，发展和壮大集体经济具有重要意义。农村集体经济是社会主义公有制经济在农村的重要体现，是农村统分结合双层经营体制的重要形式，对于推动乡村全面振兴，提升农村基层党组织的组织能力，巩固党在农村的执政基础，具有重大意义。财政部农业农村司从2016年开始安排资金，在部分省份组织扶持村级集体经济发展试点。2016—2018年的试点实践充分证明，壮大农村集体经济，是引领农民实现共同富裕的重要途径，是增强农村基层党组织的组织力凝聚力战斗力的重要手段。②

第一，为了进一步解决各地村集体经济发展不平衡，部分地区集体经济依然薄弱的问题，中央进一步扶持行政村发展壮大集体经济，并示范带动各地进一步加大政策支持、资金扶持和统筹推进力度。根据中共

---

① 《中共中央 国务院关于加强基层治理体系和治理能力现代化建设的意见》，中国政府网，2021年7月11日，http://www.gov.cn/xinwen/2021-07/11/content_5624201.htm。
② 《突出政治引领 强化服务意识——财政部农业农村司加强村级组织运转经费保障，夯实党在农村的执政根基》，党建网，2020年7月23日，http://www.dangjian.com/shouye/dangjiangongzuo/jiguandangjian/202007/t20200723_5723262.shtml。

中央组织部、财政部、农业农村部《关于坚持和加强农村基层党组织领导扶持壮大村级集体经济的通知》，到 2022 年，中央财政资金在全国范围内扶持 10 万个左右行政村发展壮大集体经济。同时要求各地财政部门明确相应的扶持政策，统筹使用好现有各项涉农财政支持政策，创新财政资金使用方式，发展壮大村级集体经济。①

第二，要深入推进农村集体产权制度改革。中共中央、国务院 2016 年 12 月发布《关于稳步推进农村集体产权制度改革的意见》，提出要全面加强农村集体资产管理，由点及面开展集体经营性资产产权制度改革，因地制宜探索农村集体经济有效实现形式，切实加强党对农村集体产权制度改革的领导。②《中共中央　国务院关于全面推进乡村振兴加快农业农村现代化的意见》明确指出要深入推进农村改革，2021 年基本完成农村集体产权制度改革阶段性任务，发展壮大新型农村集体经济。完成农村集体资产清产核资，清查核实乡村组三级资产，深入推进经营性资产股份制改革，推动资源变资产、资金变股金、农民变股东，发展多种形式的股份合作，完善农民对集体资产股份的占有、收益、有偿退出及抵押、担保、继承等权能和管理办法。③

第三，强化集体经济发展的制度保障。《中华人民共和国乡村振兴促进法》规定国家应巩固和完善以家庭承包经营为基础、统分结合的双层经营体制；完善农村集体产权制度，增强农村集体所有制经济发展活力，促进集体资产保值增值，确保农民受益；支持农村集体经济组织发展，为集体成员提供生产生活服务，保障成员从集体经营收入中获得收益分配的权利。明确政府应当引导和支持农村集体经济组织发挥依法

---

① 中共中央组织部、财政部、农业农村部《关于坚持和加强农村基层党组织领导扶持壮大村级集体经济的通知》（中组发〔2018〕18 号）。

② 《中共中央　国务院关于稳步推进农村集体产权制度改革的意见》，中国政府网，2016 年 12 月 29 日，http：//www. gov. cn/zhengce/2016 - 12/29/content_5154592. htm。

③ 《中共中央　国务院印发〈乡村振兴战略规划（2018—2022 年）〉》，中国政府网，2018 年 9 月 26 日，http：//www. gov. cn/zhengce/2018 - 09/26/content_5325534. htm。

管理集体资产、合理开发集体资源、服务集体成员等方面的作用，保障农村集体经济组织的独立运营。[①] 此外，农业农村部印发的《农村集体经济组织示范章程（试行）》促进了农村集体经济组织规范发展，保障农村集体经济组织及其成员的合法权益。[②]

三　提升村级治理能力的典型案例

各地区认真贯彻落实中央关于乡村振兴的战略部署，结合地方的自然条件、发展水平、优势特点等，探索适合本地区的提升乡村治理水平和发展能力的方式。

（一）广东省珠海市唐家社区：党建引领的"红色议事会"

唐家社区为珠海涉农社区，老旧小区众多，规模小且分散，面对小区内日益增加的公共问题，居民只能向社区抱怨，但社区力量有限，难以投入资源解决问题。在此背景下，唐家社区党委主动牵头，以党建为引领，以建设唐家湾镇议事协商试点社区为契机，充分利用镇议事协商顾问团队的专业力量，结合"唐仁议事"平台的成功经验，着力构建"红色议事会"治理模式，推动老旧小区"微治理"，让小区居民共同参与社区治理，解决小区内存在的公共问题。

首先，通过党建引领，组建"红色议事会"。唐家社区党委成立联合工作组，充分发挥基层社会治理中基层党组织的领导核心作用。工作组以党建为引领，在各小区中组建由小区党支部书记作为召集人的小区

---

① 《中华人民共和国乡村振兴促进法》，中国人大网，http：//www.npc.gov.cn/npc/c30834/202104/8777a961929c4757935ed2826ba967fd.shtml，2021年4月29日第十三届全国人民代表大会常务委员会第二十八次会议通过。

② 《农业农村部关于印发〈农村集体经济组织示范章程（试行）〉的通知》（农政改发〔2020〕5号），中国政府网，2020年11月4日，http：//www.gov.cn/zhengce/zhengceku/2020－11/18/content_5562197.htm。

"红色议事会"。以单元为单位推选小区议事代表，把协商平台搭建到居民群众"家门口"，积极引导居民参与议事协商活动。唐家社区共组建社区议事会1个，选举产生议事代表23人；小区议事会5个，议事代表共64人，其中党员18名，开展培训、议事会、专题会议28场次。

其次，规范议事协商程序。工作组制定了《议事协商工作制度》，规范小区"红色议事会"的协商范围、形式、程序以及议事规则，确保议事协商会议中各个环节都严格按照相关制度执行，使小区"红色议事会"既能多渠道收集各方意见，又能引导小区居民理性表达自己的诉求，形成有序参与、共同协商、齐定方案的良好局面。

再次，打造"唐仁议事"品牌工作室。"唐仁议事"为"红色议事会"特色模块，意为唐家人管唐家事，通过充分发挥社区自治，完善共建共治共享的基层治理格局；通过议事员说事评理这一机制，将个案调解慢慢转化为居民的共识，进而上升为唐家社区约定俗成的公序良俗。

通过党建引领的"红色议事会"，唐家社区解决了一大批居民牵挂的小微议题，让老旧小区焕发出新的生机和活力。解决具体问题的同时，小区居民也在交流协商中熟络起来，基于共同爱好的文化诉求不断涌现，激发出居民更加多元的文化诉求，创建了更多的社区居民自组织。通过开展小区居民议事协商工作，居民们被有效动员起来，紧密团结在社区党委的周围，在小区"红色议事会"的平台上提问题、想办法、筹资源，成为社区建设的力量，小区问题的解决成了凝聚邻居的最好黏合剂。

（二）湖南省蓝山县毛俊村："依法善治"走向乡村振兴

毛俊村位于湖南省蓝山县东部，距县城16公里，全村共有846户5100余人。过去，毛俊村存在多方面的问题：村集体经济空壳化，干部报酬无着落，公益事业靠摊派，村民怨声载道，人心涣散；村庄治安接近失控，一度活跃着多个帮派组织，刑事治安案件占整个镇的70%。

毛俊村曾经是"失控村""贫困村""上访村"，是被省、市挂牌重点整治的村。近年来，在新一届村"两委"班子的带领下，积极探索"三治合一"的治理新模式，充分发挥党支部的战斗堡垒作用和党员干部的先锋模范作用，狠抓社会治安、发展集体经济、整治村容村貌、转变干群关系，成为乡村振兴"样板村"。

第一，毛俊村通过抓党建实现社会治安由乱到治。2005年以来，新一届村党支部注重党建引领，按照"两推一选""公推直选""竞职演说""公开承诺"等程序，实施后备干部"长板凳"计划，优化党员队伍结构，配强配优村"两委"班子。制定《发展党员考核细则》《党员岗位目标管理责任制》等，对党建对象和后备干部进行量化打分，严格实行"票决"，年底村干部向村民述职述廉，测评称职率在60%以下的和评议效果差的予以罢免。建立党员分片包干联系群众制度，采取支部包组、干部包户、党员包人的办法，扎实做好思想政治、政策解释、法制宣传教育等工作。全村67名党员，每名联系10户村民，结对帮扶1名困难户，并对贫困村民和年满60周岁的村民发放生活补贴。支部班子成员带头加强廉政建设，在村民大会上带头公开承诺"贪污受贿一分钱，认罚一万元"，村干部外出办事开会的差旅费、接待餐费，村里均不报销，所有村干部及亲属不能参加村里的工程招投标，不得吃低保。通过党建引领，夯实了基层堡垒，党支部的凝聚力、战斗力不断增强，赢得了民心，凝聚了人心，各种帮派逐步分化解散，顽固分子受到依法打击，村里的社会治安很快实现由乱到治的巨大转变，营造了良好的外部发展环境。

第二，积极发展产业，壮大集体经济。毛俊村坚持生产发展、生活富裕、生态良好的文明发展道路。以土地流转为抓手，整合全村5500亩林地和耕地，出租给种植大户，积极发展规模效益农业产业，着力打造"粤港澳大湾区菜篮子基地"。充分利用周边竹木资源丰富，村民素有加工竹木的优势，筹资兴办村级竹木工业园，将村里所有竹木加工合作社聚集到工业园内办厂。2020年村集体经济收入700多万元，人均收入达 2.1 万元，相比 2005 年的村集体经济收入不到 2 万元增长了 350 多倍，村级固定资金达到 2000 万元。

第三，充分发扬民主，改善干群关系。2005 年以来，村"两委"干部吸取过去的教训，充分发扬民主，让村民说了算，重大事项采取"四议两公开"工作法决策实施，由"三老"（老党员、老干部、老先进）和人大代表、政协委员等组成村民监督委员会，对村里各项工作全程参与、跟踪监督。制定了《毛俊村财务管理制度》，实行"五人联签"，由经手人、证明人、在场人、验收人签字，再经村委会主任审批。同时，推行村干部公开承诺和述职述廉制度，每年底对村干部履职情况进行群众满意度测评，测评结果与村干部报酬挂钩。村干部在群众中重新树立了威信，赢得了民心，党群干群关系越来越密切，群众对村的工作也更热心更支持。

（三）重庆市江津区保坪村："院长制"助力院落整治，构建共建共治共享局面

重庆市江津区先锋镇保坪村位于先锋镇西部，面积 10.55 平方公里，辖 7 个村民小组，总人口 4771 人，其中 60 岁以上人口 1263 人，占总人口比例的 26.5%，2020 年全村农民人均可支配收入 2.6 万元，村集体年经营收入 10 万元。过去的保坪村在治理方面遇到这样一些问题：一是村域变大，两委管理难度加大。保坪村由 7 村并为 1 村后，全村 1700 余户 4771 人，大小院落 70 余个，而两委成员在村社合并后加上外聘人员仅有 10 余人，并村后管理范围增加，治理难度也提升到一个新高度，村干部治理能力不足问题凸显。二是村民自治积极性不够，受传统小农经济的影响，村民自治主体意识淡薄，参与自治积极性不高。三是乡风文明有待提升。公共文化建设不完善，村民文化生活贫瘠，存在打牌赌博、大操大办现象，乡风文明长效机制缺乏。

保坪村通过实施"院长制"来解决乡村治理中的上述问题。第一，在全村范围内划好院落，选好院长。在全村选出 9 个大院进行先行示

范，然后分步推进全村 30 个大院实施治理。选举德高望重、有一定组织能力，能以身作则、团结邻里、家庭家风优良、卫生习惯较好者担任院长，村"两委"组织对院长进行素质提升培训，落实院长责任制。院长组织开展各种活动，督促本院村民执行村规民约。对人居环境改造意愿进行调查，对乡村治理意愿较弱的村民进行动员，与本院村民沟通，邀请文化人士和乡贤参与，讨论大院名称、大院主题、制订院规院训，协助村民制订家风家训，给予村民极大的治理自由度，由村民共建共享"院长制"的建设成果。

第二，完善"院长制"组织体系建设。由村书记兼任总院长，建立"一院一档"，规范大院管理，统筹大院内农户需求，对外联系服务，减轻大院内农户经营管理负担，村"两委"成员和村民小组长按照拟定的任务各司其职，分工合作，形成了保坪村"院长制"乡村治理管理体系（见图 7 - 1），有效地解决了村"两委"成员手忙脚乱现象。

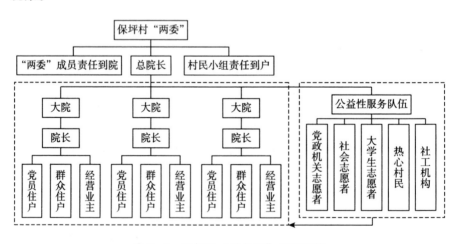

图 7 - 1 保坪村"院长制"组织结构

第三，提升大院文明建设。一是弘扬家风家训。院内每家每户在院长的引导下提炼家风家训，张贴在自家房屋门口，自觉遵守。二是落实"三书一表"。村委会通过院长与群众签订安全责任书、与企业单位签订共建活动保证书、发放共建活动告知书和共建活动进度安排表。三是加强宣传，各院长作为大院带头人，通过召开院坝会议、学村规民约院规院训、走家入户等形式，积极宣传大院建设工作。四是院长带领本大院居民开展"平清改"自主治理行动，院内公共部分实施分户责任制，村委协助村民了解垃圾分类情况，进行垃圾分类分级管理。五是视大院为家，以雷锋精神感动邻里。

第四，红色思想激励大院党员带好头。农户门牌标识上，党员农户加上党徽，各大院把党员身份亮出来，在村党委的指导下，党员带头成立"萤火虫"夜间巡逻、"洁卫士"志愿者服务队，积极参与"院长制"规章制度设定讨论，带头接受环境卫生治理、垃圾分类的培训，主动接受村委对大院每月卫生情况、院规执行情况的考核，积极参与院坝议事活动，主动为村民调解矛盾纠纷、宣传乡风文明建设。

第五，利用信息化手段助推大院建设。一是发挥江津区"雪亮工程"的作用，利用公安网络联网监控，在重要路口、重点场所设置监控点。二是在院内公共地段、重要节点、留守老人家中安装监控，各农户随时可查看院落及自家老人、留守儿童、残疾人的情况。三是由村社会工作室牵头建立了院长微信群和村集体微信公众号，村集体通过微信公众号发布村情民意、政策信息、积分评比、红黑榜信息等，农户可以通过微信公众号查阅相关信息，企业可以通过微信公众号开展商业经营。院长组织院内党员、志愿者负责微信公众号的应用推广。

通过实施"院长制"，保坪村打造了院落特色文化，改善了村容村貌，有效提升了乡风文明程度，使得乡村治理体系更加完善，村民自治更有活力，成功融合了多元主体参与，增强了乡村治理能力。

（四）浙江省湖州市沈家墩村：改革活权壮大村级集体经济

浙江省湖州市德清县钟管镇沈家墩村村域面积 2 平方公里，辖 12 个村民小组，共 399 户 1340 人，村党支部共有党员 43 名，个私企业 13 家。2019 年村级集体经济收入 306.99 万元，其中经营性收入 102.42 万元。

沈家墩村壮大集体经济的主要做法包括以下几个方面：第一，改革土地管理，活化土地利用。1999 年，沈家墩村提出"股票田"模式，流转了 160 户农民家的 210 亩闲置土地，返租给养殖大户。另外，沈家墩村借力省级土地综合治理，2015 年整村集聚基本完成，腾出 90 余亩空地，复垦 200 亩水田。集体经营性建设用地入市，增收 170 余万元。第二，改革村庄管理，树立文明村风。运用"党建 + 治理"的方式，首创"1 + 2 + 7"村庄管理模式。"1"指筑牢 1 个党支部，"2"指成立 2 个助力团，分别为党课专家宣讲和人才参事智囊助力团，"7"指设立 7 个片区户长，激活党员队伍。第三，创新美丽股本，活用生态价值。村集体以美丽乡村建设成果和 300 万元资金入股，以 51% 的占股比例成立注册资本为 1000 万元的旅游开发公司，共同打造、运营景区项目。同时入股农业企业、盘活存量房产，将老村委置换为厂房、将新村委空房间租给旅游开发公司。

四　提升村级治理能力的困难与挑战

脱贫攻坚取得全面胜利，农村绝对贫困问题得到历史性解决，农村生活条件明显改善，农民收入持续增加，发展方式也发生改变，但依然有一些问题在未来的一段时间内将持续存在，并影响乡村振兴战略的推进与实现。

（一）部分地区乡村治理工作呈现碎片化状态

有学者指出，当前我国的乡村治理处于碎片状态，大多数乡村采取的是"头痛医头、脚痛医脚"的简单治理方式，乡村治理发挥的是"紧急灭火器"的作用[1]，治理是问题导向的。还有学者认为，缺乏总

---

[1]　耿永志、张秋喜：《实施乡村振兴战略，需整体性提高乡村治理水平》，《农业现代化研究》2018 年第 5 期，第 717—724 页。

体性思路、多元性与碎片化是我国乡村治理中最基本的问题。[1] 治理工作的碎片化表现在治理主体、治理权责、治理内容、治理过程等多个层面，职能分散导致不同主体之间缺乏协同合作。

造成这种碎片化状态有多方面原因。一是对乡村治理的认识存在偏差。多数治理主体尚未将产业、生态、乡风、治理、生活作为一个有机整体加以看待，乡村治理在乡村振兴中的"助推器"和"粘合剂"作用发挥还不明显。二是部分地区乡村的经济、政治、文化和生态等要素之间较为独立割裂。这种割裂较为明显的表现是乡村治理滞后于经济发展水平。一些地区村庄经济发展状况良好，但基层民主建设水平、社会事业发展程度、生态环境、文化建设等并没有得到相应的发展。三是治理有效这一目标任务难以从整体上进行操作化或量化。难以操作化使得部分地区在实际工作中缺乏明确的思路，而难以量化使得工作成效评估和考核工作有一定困难，考核指挥棒的作用难以发挥。

（二）部分农村基层党组织能力不足

乡村振兴战略对农村基层党组织提出了新的目标和任务，新形势也给基层组织提出了新的挑战，但部分基层党组织存在组织建构不足、经济基础薄弱与治理能力不足的问题。

村庄数量的减少和人口外流影响了基层党组织的覆盖力和组织力。通过行政村合并工作，人口少、规模小、基础设施落后、自然地理条件差的行政村数量减少。行政村合并有利于统一规划、资源整合和公共服务的延伸，但同样也给基层党组织作用的发挥提出了挑战。据《中国共产党党内统计公报》，2010 年有 59.4 万个建制村建立了基层党组织，2016 年缩减为 55.1 万个，2020 年为 49.17 万个。这在一定程度上反映出，农村基层党组织数量减少，覆盖和辐射的平均区域变大。如何在覆

---

[1] 郎友兴：《走向总体性治理：村政的现状与乡村治理的走向》，《华中师范大学学报》（人文社会科学版）2015 年第 3 期，第 11—19 页。

盖和辐射区域变大的基础上更好地发挥党组织的领导作用，落实各项政策，是需要思考和探讨的问题。

人口外流影响了基层党组织后备队伍的储备。在城镇化进程中，具有一定文化素质和技能、懂得经营而又头脑相对灵活的中青年农民、农民党员离开了土地和农村，留守在村的多为老、弱、病、残群体。另外，在市场经济的作用下，相当多的中青年农民认为入党"政治上没盼头，经济上没甜头"，致使农村党员队伍后继乏人。这些因素导致部分村级党组织班子成员年龄偏大、文化程度偏低、工作能力不足等问题。相当多地方的村干部存在"三难"现象，即难选、难干、难管，一些地方的村支部、领导班子不调整不行，调整又没有合适人选。①

（三）部分地区村民自治存在"制度空转"

尽管村民自治已经取得了历史性进展，但依然存在"形式化""制度空转""悬浮性""失落的自治"等，一些学者认为村民自治实践遭遇了瓶颈。随着市场化的冲击和城镇化进程的加快，村庄公共空间与文化消解、村庄共同体异变较为常见。②

村民自治的"空转"首先表现在乡村人才的流失。长期以来，我国乡村中青年、优质人才持续外流，人才总量不足、结构失衡、素质偏低、老龄化严重等问题较为突出，乡村人才总体发展水平与乡村振兴的要求之间存在较大差距。除了上述提到的基层党组织后备力量不足之外，乡村生产经营性、管理型人才也较为缺乏。国家统计局第三次全国农业普查数据显示，2016年，全国农业生产经营人员31422万人，其中初中及以下教育程度的人员占91.8%，高中或中专的占7.1%，大专及以上的仅占1.2%。人才匮乏、素质不高长期困扰"三农"工作的开

---

① 霍军亮、吴春梅：《乡村振兴战略背景下农村基层党组织建设的困境与出路》，《华中农业大学学报》（社会科学版）2018年第3期，第1—8页。

② 黄博：《乡村振兴战略与村民自治：互嵌、诉求与融合》，《求实》2020年第1期，第74—83页。

展和乡村社会的发展。

作为乡村振兴的关键主体，部分地区村民在乡村治理中发挥的作用不明显。村民参与主动性不足。部分村庄村民的民主意识不够成熟，村民多为受管理的一方，村里事务多由村干部决定，村民缺乏参与治理的主动性。尤其在空心化程度较高的村庄，乡村建设参与程度较低。[①] 部分地区村民存在一定的依赖思想。脱贫攻坚期间，政府、企业、社会组织等投入大量力量进行帮扶，部分村民对帮扶产生了一定的依赖，进一步发展的内在动力有一定欠缺。

基层民主监督力量较为薄弱，民主协商不够成熟。但相较于对民主选举的重视，村民自治对民主决策、民主管理和民主监督相对忽略。另外，当前村民的利益诉求趋于多元化和复杂化，但基层治理中对村民个体意识的治理关注相对较少，村民的利益诉求得不到表达和满足，容易产生矛盾。

五　讨论与建议

（一）小结与讨论

党的十八大以来，把坚持和完善中国特色社会主义制度、推进国家治理体系和治理能力现代化作为全面深化改革的总目标。党的十九届四中全会《中共中央关于坚持和完善中国特色社会主义制度　推进国家治理体系和治理能力现代化若干重大问题的决定》提出坚持和完善共建共治共享的社会治理制度。[②] 而社会治理的基础在基层，乡村治理是社会治理的重点和难点。

---

① 葛宣冲、张桂金、韩克勇：《流动性、现代性与村民乡村建设参与意愿——基于 CLDS2016 数据的分析》，《东岳论丛》2019 年第 11 期，第 132—140 页。

② 《中共中央关于坚持和完善中国特色社会主义制度　推进国家治理体系和治理能力现代化若干重大问题的决定》，中国政府网，2019 年 11 月 5 日，http://www.gov.cn/xinwen/2019－11/05/content_5449023.htm。

　　为了加强和改善乡村治理，努力建设充满活力、和谐有序的善治乡村，可以从以下几个方面着力。

　　第一，要坚持党对乡村治理的全面领导。通过落实省市县乡村五级书记抓乡村振兴、向重点乡村持续选派第一书记和工作队、强化基层组织运转经费保障等方式，建立健全上下贯通、精准施策、一抓到底的乡村振兴工作体系，巩固与强化基层党组织的领导作用，不断增强农村基层党组织政治功能和组织力，并进一步激发凝聚力和战斗力。

　　第二，要坚持和完善共建共治共享的社会治理制度，健全自治、法治、德治相结合的城乡基层治理体系。通过健全基层群众自治制度，加强农村群众性自治组织建设，健全村务监督机制，进一步完善和落实村民自治。引导干部群众尊法学法用法，进一步提高干部群众法治素养，完善乡村依法治理的制度化建设，健全乡村公共法律服务体系，提升乡村治理的法治化水平。在深入挖掘乡村熟人社会蕴含的道德规范，汲取中华优秀传统文化的思想精华和道德精髓的基础上，建立相应机制，充分发挥道德教化和约束作用，并开展各项专项行动，深入推进移风易俗，发展公益慈善事业，构建良好的氛围。

　　第三，发展和壮大集体经济，提升村庄发展能力。村集体经济的发展，需要政策、资金的支持，还要深入推进农村集体产权制度改革，强化集体经济发展的制度保障，为乡村治理能力和村庄发展能力的进一步提升打好基础。

　　乡村治理在走向现代化的过程中，面临一定的困难与挑战。当前我国城乡利益格局深刻调整，农村社会结构深刻变动，农民思想观念深刻变化，一方面给农村经济社会发展带来巨大活力，另一方面也形成了村庄空心化、农村利益诉求多元化、社会事业发展落后等突出问题。① 这些问题在乡村治理中表现为部分地区乡村治理的碎片化、基层

---

　　① 中共中央党史和文献研究院编《习近平关于"三农"工作论述摘编》，中央文献出版社，第 129 页。

党组织的组织能力不足和基层自治制度的"空转"。

（二）对策与建议

第一，应当坚持"三治融合"，以整体性思维提升乡村治理综合水平。"三治"融合并非将自治、法治与德治简单相加，而是要构建"三治"之间的对话机制，丰富"三治"融合的内涵，创新"三治"融合的载体。① 注重乡村治理与经济建设、政治建设、社会建设、文化建设和生态建设之间的有机联系，充分考虑各项要素之间的相互联系。要对乡村分散的要素进行有效整合，加强不同部分之间的协同，形成合力，促进乡村有机整体的形成。从城乡统筹发展的角度，促进城乡要素流动，缩小城乡差距。

第二，要深化村民自治实践，发展多种自治有效的实现形式。基层群众自治制度是中国三大基本政治制度之一，是中国特色社会主义制度的重要组成部分。村民自治的有效实现，首先需要根据经济发展状况，找到村民自治有效实践的形式。不同的村庄，其经济环境与基层组织的相互作用关系可能存在差异，社会力量或社会组织也存在不同的形式、发展水平和特点。因此，需要健全和完善村民行使自治权的体制机制，丰富和发展村民参与自治的具体程序，创新和增加适应村民特点的灵活多样的参与方式。

随着中心和资源的持续下沉，面对日益复杂的沟通协调对象和多样化的村民诉求，应当使用多元化的治理工具提升基层自治的水平。这种多元化的治理工具既包括议事会、监事会、调解委员会等新型民主制度工具，又包括村务信息化、网络社群、网络参政平台等现代化管理手段。②

---

① 吕浩然：《"三治"融合助推乡村治理现代化》，国家乡村振兴局网站，2021年6月10日，http://www.cpad.gov.cn/art/2021/6/10/art_56_189943.html。

② 章文光、宫钰：《健全"三治融合"乡村治理体系，助力乡村振兴》，光明网，2021年6月22日，https://theory.gmw.cn/2021-06/22/content_34939032.htm。

第三，要强化农民主体性地位，实现乡村振兴人才保障。村庄是农民主要的生产生活场所，乡村振兴必须以农民为主体。[1] 乡村振兴战略充分肯定了农民的主体地位，提出要尊重农民的创造精神，强化农民的主人翁意识，明确了引导农民自我管理、教育、服务的重要性。[2] 因此要充分发挥乡村精英群体的重要作用。有研究指出，村庄人口中，返乡劳动力占比越高，村民参与乡村建设的意愿越强；非农化比例越高，村民越愿意参与乡村建设。[3] 应当因地制宜，出台具体措施，充分发挥返乡劳动力及乡村精英在村民自治中的作用。

第四，要进一步引导普通村民参与乡村治理的意识。通过宣传和培训，强化村民的主人翁意识、权利意识和参与意识。要帮助村民了解国家关于农村工作的政策及部署，理解村民自治的内涵，提升他们参与乡村公共事务治理的能力。同时要培养和强化村民的法治精神与法治意识。加大普法力度，推动基层干部群众形成亲法、信法、学法、用法的思想自觉，树立法治意识、法治精神、法治思维，培养按法律法规办事的行为模式和思维模式。[4] 另外，还要提升村民的监督能力，建立健全村级监督机制并落实相关制度安排。

---

[1] 贺雪峰：《如何再造村社集体》，《南京农业大学学报》（社会科学版）2019 年第 3 期，第 1—8 页。

[2] 黄博：《乡村振兴战略与村民自治：互嵌、诉求与融合》，《求实》2020 年第 1 期，第 74—83 页。

[3] 葛宣冲、张桂金、韩克勇：《流动性、现代性与村民乡村建设参与意愿——基于 CLDS2016 数据的分析》，《东岳论丛》2019 年第 11 期，第 132—140 页。

[4] 陈庆立、左停：《完善乡村治理机制　提升乡村治理水平》，《学术探索》2018 年第 5 期，第 63—68 页。

第八章　建立健全巩固拓展脱贫攻坚
成果管理体制与工作机制

2020 年，脱贫攻坚战全面胜利，我国绝对贫困现象整体消除，向共同富裕目标迈出坚实步伐。从长时段看，打赢脱贫攻坚战是实现全体人民共同富裕的阶段性任务，实施乡村振兴战略是全体人民共同富裕的必然要求，巩固拓展脱贫攻坚成果则成为二者有效衔接的关键环节。脱贫攻坚期间，国家贫困治理体系不断完善，形成以"一把手负责制""五级书记抓扶贫""最严格的考核机制"等举措为核心的体制机制，为高质量实现脱贫攻坚各项目标提供了强有力的政治和组织保证；脱贫攻坚胜利后，面对新的发展目标，这些体制机制的调整则成为巩固拓展脱贫攻坚成果与乡村振兴有效衔接的关键。2021 年以来，以习近平总书记的一系列重要论述为遵循，巩固拓展脱贫攻坚成果管理体制与工作机制不断调整完善，形成了目标明确、思路清晰的管理体制和"长短结合、标本兼治"工作机制，为有关工作建立了良好的组织和制度保障。

一　背景与形势

脱贫攻坚战全面胜利与乡村振兴全面推进。2021 年 2 月 25 日，全国脱贫攻坚总结表彰大会隆重召开，习近平总书记宣告："我国脱贫攻坚战取得了全面胜利，现行标准下 9899 万农村贫困人口全部脱贫，832 个贫困县全部摘帽，12.8 万个贫困村全部出列，区域性整体贫困得到解决，完成了消除绝对贫困的艰巨任务。"① 然而，实现人的全面发展和全体人民共同富裕仍然任重道远，让脱贫基础更加稳固、成效更可持续，坚决守住不发生规模性返贫的底线依然是脱贫地区必须面对的挑战。

《中共中央关于制定国民经济和社会发展第十四个五年规划和二〇三五年远景目标的建议》明确提出："优先发展农业农村，脱贫攻坚战全面胜利标志着'第一个百年奋斗目标'实现，补齐了我国经济社会发展'最突出的短板'，但要解决好'发展不平衡不充分的问题'，仍然需要补齐农业农村短板弱项。因此，在第二个百年的新征程上脱贫地区不仅需要巩固拓展脱贫攻坚成果，还需要做好与乡村振兴有效衔接。"②

脱贫地区设立 5 年衔接过渡期。早在 2020 年年初，习近平总书记就要求"对退出的贫困县、贫困村、贫困人口，要保持现有帮扶政策总体稳定，扶上马送一程。可以考虑设个过渡期"③，2021 年明确提出"对脱贫县要扶上马送一程，设立过渡期，保持主要帮扶政策总体稳定"④。对此，《中共中央国务院关于实现巩固拓展脱贫攻坚成果同乡村振兴有效衔接的意见》要求，脱贫攻坚目标任务完成后，设立 5 年过渡期。脱贫地区要做好过渡期内领导体制、工作体系、发展规划、政策举措、考核机制等有效衔接，从解决建档立卡贫困人口"两不愁三保障"为重点转向实现乡村产业兴旺、生态宜居、乡风文明、治理有效、生活富裕，从集中资源支持脱贫攻坚转向巩固拓展脱贫攻坚成果和全面推进乡村振兴。

过渡期的设立不仅体现了对于贫困问题复杂性与长期性的认识，也体现了对于贫困地区发展不平衡、不充分特点的把握。一方面是部分脱贫群众的发展脆弱性与返贫风险依然存在，只有建立相应的监测与保障

① 习近平：《在全国脱贫攻坚总结表彰大会上的讲话》，人民出版社，2020，第 1 页。

② 《中共中央关于制定国民经济和社会发展第十四个五年规划和二〇三五年远景目标的建议》，《人民日报》2020 年 11 月 4 日，第 1 版。

③ 习近平：《在决战决胜脱贫攻坚座谈会上的讲话》，人民出版社，2020，第 11 页。

④ 习近平：《在全国脱贫攻坚总结表彰大会上的讲话》，人民出版社，2020，第 20 页。

机制才能够守住规模性返贫底线；另一方面脱贫地区的发展依然面临诸多挑战，"扶上马"再"送一程"尤为必要。此外，相较于其他地区，脱贫地区全面推进乡村振兴战略，不仅发展条件相对滞后，管理体制与工作体制的转换也难以一蹴而就。5 年过渡期的设立不仅留足了巩固脱贫成果的政策资源与发展时间，也为拓展脱贫成果与探索乡村振兴提供了发展机遇与探索空间。

"共同富裕"摆在更加重要的位置。随着脱贫攻坚战的全面胜利，乡村振兴成为迈向共同富裕目标的中心工作。党的十九大报告六次提到"共同富裕"，提出了 2035 年"全体人民共同富裕迈出坚实步伐"和 2050 年"全体人民共同富裕基本实现"的发展规划。2021 年，第二个百年奋斗目标新征程的开局之年，中央做出了"在高质量发展中促进共同富裕"的重大战略部署，提出"要促进农民农村共同富裕，巩固拓展脱贫攻坚成果，全面推进乡村振兴，加强农村基础设施和公共服务体系建设，改善农村人居环境"①。乡村振兴作为全体人民共同富裕的必然要求与新时代三农工作的"总抓手"，对实现高质量发展和迈向共同富裕都有着重大的战略意义：一方面，城乡发展差距是造成发展不均衡的关键变量，"缩小城乡差距将对未来实现共同富裕起着重要的决定作用"②；另一方面，农业农村的现代化是高质量发展的重要基础，没有农业农村的现代化，国家的现代化也无从谈起。

二　巩固拓展脱贫攻坚成果的管理体制

打赢脱贫攻坚战，"归功于行之有效的政策体系、制度体系和工作体系，脱贫攻坚政策体系覆盖面广、含金量高，脱贫攻坚制度体系完

---

① 《在高质量发展中促进共同富裕　统筹做好重大金融风险防范化解工作》，《人民日报》2021 年 8 月 18 日，第 1 版。

② 李实、陈基平、滕阳川：《共同富裕路上的乡村振兴：问题、挑战与建议》，《兰州大学学报》（社会科学版）2021 年第 3 期，第 37—46 页。

备、上下贯通，脱贫攻坚工作体系目标明确、执行力强，为打赢脱贫攻坚战提供了坚强支撑，为全面推进乡村振兴提供了宝贵经验"[①]。面临巩固拓展的阶段性目标以及全面振兴的长期目标，与之相匹配的领导体制的延续与调整势在必行，不仅需要坚持脱贫攻坚所形成的有效经验，也需要针对新的发展目标和要求不断完善领导体制和创新工作机制。2021年以来，通过进一步强化党的领导，优化职能部门分工定位，巩固拓展脱贫攻坚成果的管理体制已初步成型。

（一）加强各级党委领导作用

"脱贫攻坚越到最后越要加强党的领导"[②]，作为脱贫攻坚战的延续，巩固拓展脱贫成果仍需要充分发挥各级党委总揽全局、协调各方的领导作用。首先，巩固拓展脱贫攻坚成果和乡村振兴不仅是新发展阶段"三农"工作的中心，也是具有全局性和整体性的工作。因此，无论是巩固拓展脱贫成果，还是全面推进乡村振兴，都需要有系统性的思维和全局性的领导。这一发展的需求与党委领导的政治优势充分匹配，坚持党委领导不仅能够保证工作力度不减、资源投入不减，也有助于从整体上把握脱贫拓展成果的方向不偏、重心不变，从而从组织领导层面确保脱贫地区"过渡期内在巩固拓展脱贫攻坚成果上下更大功夫、想更多办法、给予更多后续帮扶支持"[③]。其次，进入巩固拓展脱贫攻坚成果和全面推进乡村振兴阶段，需要进一步凝聚各方力量。广泛动员社会力量参与的背景下，如何实现多元力量参与且形成合力，则需要有效的协调。坚持党的领导能够为不同力量的有效参与提供高效的协调机制，从而降低多元参与造成的合作沟通成本，形成有效合力。

[①] 《中共中央 国务院关于实现巩固拓展脱贫攻坚成果同乡村振兴有效衔接的意见》，人民出版社，2021，第3页。

[②] 习近平：《在决战决胜脱贫攻坚座谈会上的讲话》，人民出版社，2020，第12页。

[③] 《中共中央 国务院关于实现巩固拓展脱贫攻坚成果同乡村振兴有效衔接的意见》，人民出版社，2021，第6页。

对此，中央把"持党的全面领导"作为巩固拓展脱贫成果的主要原则，要求"坚持中央统筹、省负总责、市县乡抓落实的工作机制，充分发挥各级党委总揽全局、协调各方的领导作用，省市县乡村五级书记抓巩固拓展脱贫攻坚成果和乡村振兴。总结脱贫攻坚经验，发挥脱贫攻坚体制机制作用"①。这一部署整体上延续了脱贫攻坚以来的原则与方略，不仅有利于保持过渡期的工作力度，也有助于实现与全面乡村振兴的平稳衔接，充分匹配了过渡期政策平稳、有效衔接的政策需求。

具体而言，《中共中央　国务院关于实现巩固拓展脱贫攻坚成果同乡村振兴有效衔接的意见》要求"全面加强党的集中统一领导"，一方面是要健全中央统筹、省负总责、市县乡抓落实的工作机制，构建责任清晰、各负其责、执行有力的乡村振兴领导体制，层层压实责任；另一方面是要充分发挥中央和地方各级党委农村工作领导小组作用，建立统一高效的实现巩固拓展脱贫攻坚成果同乡村振兴有效衔接的决策议事协调工作机制。这些要求既充分考虑到了压力的传导和责任的落实，也兼顾了不同部门与领域直接的组织协调，从而为巩固脱贫成果建立了高效有力的领导机制。

（二）发挥农业农村部门支撑作用

"乡村振兴战略是一项复杂棘手的系统性社会工程，涵盖经济、社会、科技、环境等各个政策领域。不同政策领域之间及其内部具有高度的互补性，各类角色间充分的纵向与横向协同，因而绝对不可或缺。"②就具体工作开展的针对性而言，农业农村部门无疑是与巩固拓展脱贫成果目标匹配性高的部门之一。一方面，随着脱贫攻坚战的全面胜利，过

---

① 《中共中央　国务院关于实现巩固拓展脱贫攻坚成果同乡村振兴有效衔接的意见》，人民出版社，2021，第6页。

② 王雍君：《乡村振兴的体制机制建构与改革》，财新网，2021年3月4日，https：∥opini-on. caixin. com/2021 – 03 – 04/101670547. html。

去所形成的攻坚体制的变革势在必行；另一方面，农业农村部门"三农"工作经验的丰富性与工作内容的全面性与巩固拓展脱贫成果有着高度契合。从改组后乡村振兴局与农业农村部的行政关系就不难看出这一战略转型的实践逻辑，从补齐农业农村发展短板的专门机构，拓展到全面推进乡村振兴的综合部门。

从脱贫攻坚到全面推进乡村振兴，这是具有里程碑意义的重大转换，也是各级党委农办、农业农村和乡村振兴部门使命任务的战略转段。2021 年以来，农业农村部门把巩固拓展脱贫攻坚成果作为"十四五"时期"三农"工作的重要任务，摆在更加突出的位置，紧紧扭住不放，务必守牢不发生规模性返贫的底线。在机构职能调整方面，农业农村部门抓住形成合力这个关键，平稳有序推进各级扶贫工作机构职能调整优化，不断明确地方党委农办、农业农村和乡村振兴部门的工作界面和任务分工，发挥农业农村部门的支撑作用，做到一盘棋部署、一体化推进，为全面推进乡村振兴提供强有力的政治和组织保障。①

（三）组建国家乡村振兴局

2021 年 2 月 25 日，在习近平总书记宣告脱贫攻坚战胜利的当天，国家乡村振兴局正式挂牌成立。"组建国家乡村振兴局是以习近平同志为核心的党中央作出的重大决策，是做好巩固拓展脱贫攻坚成果与乡村振兴有效衔接的重要举措。"② 这一"新"机构基本保持国务院扶贫办原班人马，但职能定位做出了相应的调整。这标志着成立于 1986 年的国务院扶贫开发领导小组办公室使命的完成，也意味着全面推进乡村振兴战略大幕拉起。成立这一机构不仅助于延续相关的体制机制，传承脱

---

① 《中央农办、农业农村部、国家乡村振兴局召开座谈会强调巩固拓展脱贫攻坚成果接续推进乡村全面振兴》，中华人民共和国农业农村部网站，2021 年 3 月 30 日，http：//www.moa. gov. cn/xw/zwdt/202103/t20210330_6364937. htm。

② 侯雪静、胡璐：《国家乡村振兴局挂牌亮相，意味着什么？》，新华每日电讯，2021 年 2 月 26 日，http：//www. xinhuanet. com//mrdx/2021 - 02/26/c_139769184. htm。

贫攻坚以及扶贫开发事业所形成的有益经验、奋斗精神和工作方法；而且有利于下一步全面乡村振兴的统筹协调与监督考核，组织协调各方面力量有序推进乡村振兴事业全面推进。

实现从脱贫攻坚向乡村振兴的有机转化，首先必须有制度支持。从聚焦贫困向乡村振兴这一更宽的范围转变，是一个连续的过程。国务院扶贫办向国家乡村振兴局的制度设计转变也是二者的体制衔接过程，不仅体现了过渡期巩固拓展脱贫成果的延续性，也表明了巩固拓展脱贫成果与全面推进乡村振兴的理论与实践关联。从发展的阶段性看，前者是后者的基础和前提，从发展的长期目标看，后者是前者的延续和保障。

2021 年以来，乡村振兴系统深入贯彻习近平总书记关于乡村振兴重要讲话和指示精神，全面落实党中央、国务院决策部署，扎实推进巩固拓展脱贫攻坚成果同乡村振兴有效衔接。政策调整优化任务全面落实，乡村振兴机构队伍全面重组，巩固脱贫成果各项重点工作深入推进，实现政策无缝衔接、机构平稳过渡、干部思想稳定、工作有序推进，全面推进乡村振兴开局起步良好。①

三　巩固拓展脱贫攻坚成果的工作机制

脱贫攻坚战期间，以精准扶贫为核心，一系列的扶贫工作机制创新破解了长期以来扶贫工作的难题与障碍，是打赢脱贫攻坚战的重要经验。中央统筹、省负总责、市县抓落实的工作机制有效地保障了央地之间的协同，确保脱贫攻坚目标落实落地。这些经验不仅是巩固拓展脱贫成果工作机制创新的基础，也是全面推进乡村振兴的重要借

---

① 《国家乡村振兴局党组召开扩大会议　深入学习习近平总书记关于乡村振兴重要讲话和指示精神　研究部署巩固拓展脱贫攻坚成果、推进实施乡村振兴战略有关具体工作》，国家乡村振兴局网站，2021 年 10 月 28 日，http://nrra. gov. cn/art/2021/10/29/art_61_192389. html。

鉴。2021 年以来，中央有针对性地对脱贫攻坚工作机制进行了强化或调整，为巩固拓展脱贫成果初步建立了有效的工作机制。

（一）健全防止返贫动态监测和帮扶机制

2020 年 3 月 6 日，习近平总书记在决战决胜脱贫攻坚座谈会上要求："要加快建立防止返贫监测和帮扶机制，对脱贫不稳定户、边缘易致贫户以及因疫情或其他原因收入骤减或支出骤增户加强监测，提前采取针对性的帮扶措施，不能等他们返贫了再补救。"[1] 同年 3 月 20 日，《国务院扶贫开发领导小组关于建立防止返贫监测和帮扶机制的指导意见》发布，要求把防止返贫作为当前及今后一个时期扶贫工作的重要任务，围绕"两不愁三保障"主要指标，统筹政府、市场和社会资源，建立防止返贫监测和帮扶机制，巩固脱贫成果，确保高质量全面打赢脱贫攻坚战。[2] 各地认真贯彻落实这一工作要求，普遍建立实施防止返贫监测和帮扶机制，为如期全面打赢脱贫攻坚战提供了制度保障，发挥了重要作用。

脱贫攻坚战全面胜利后，一些脱贫户的发展基础比较脆弱，一些边缘户还面临致贫风险，一些农户可能因病因灾因意外事故等导致基本生活出现严重困难，脱贫地区特别是原深度贫困县摘帽时间较晚，经济社会发展基础薄弱，容易发生返贫致贫现象。因此，健全防止返贫动态监测和帮扶机制是从制度上预防和解决返贫问题、巩固拓展脱贫攻坚成果的有效举措。2021 年 5 月 14 日，《中央农村工作领导小组关于健全防止返贫动态监测和帮扶机制的指导意见》发布，从明确监测对象和范围等方面对健全防止返贫动态监测和帮扶机制做出了明确部署。

---

[1] 《中共中央 国务院关于实现巩固拓展脱贫攻坚成果同乡村振兴有效衔接的意见》，人民出版社，2021，第 11 页。

[2] 《国务院扶贫开发领导小组关于建立防止返贫监测和帮扶机制的指导意见》（国开发〔2020〕6 号），中国政府网，2020 年 3 月 20 日，http://www.gov.cn/zhengce/zhengceku/2020-03/27/content_5496246.htm。

首先，针对风险人群和风险条件，进一步明确监测对象和范围。以家庭为单位，监测脱贫不稳定户、边缘易致贫户以及因病因灾因意外事故等刚性支出较大或收入大幅缩减导致基本生活出现严重困难户，重点监测其收入支出状况、"两不愁三保障"及饮水安全状况等。重点关注有大病重病和负担较重的慢性病患者、重度残疾人、失能老年人口等特殊群体的家庭。同时监测各省（自治区、直辖市）综合本区域物价指数变化、农村居民人均可支配收入增幅和农村低保标准等因素，合理确定监测范围，实事求是地确定监测对象规模。为了防止规模性返贫，各地还要实时监测水旱灾害、气象灾害、地震灾害、地质灾害、生物灾害、火灾以及疫情等各类重大突发公共事件带来的影响，全力防范大宗农副产品价格持续大幅下跌、农村劳动力失业明显增多、乡村产业项目失败、大中型易地扶贫搬迁集中安置区搬迁人口就业和社区融入等方面的风险隐患，发现解决因工作、责任、政策落实不到位造成的返贫现象，及时排查预警区域性、规模性返贫风险，制定防范措施，落实帮扶举措，坚决守住防止规模性返贫的底线。

其次，发挥制度优势，优化监测方式和程序。在监测方式方面，健全监测对象快速发现和响应机制，细化完善农户自主申报、基层干部排查、部门筛查预警等监测方式，互为补充、相互协同。及时掌握分析媒体、信访等信息，拓宽风险预警渠道。农户自主申报方面，进一步加强政策宣传，提高政策知晓度，因地制宜拓展便捷的自主申报方式。基层干部排查方面，充分发挥制度优势，依靠乡村干部、驻村干部、乡村网格员等基层力量，进行常态化预警，每年至少开展一次集中排查。部门筛查预警方面，进一步加强相关部门数据共享和对接，充分利用先进技术手段，及时将预警信息分类分级核实。同时进一步完善监测对象识别程序，新识别监测对象增加农户承诺授权和民主公开环节。监测对象确定前，农户应承诺提供的情况真实可靠，并授权依法查询家庭资产等信息。在确定监测对象、落实帮扶措施、标注风险消除等程序中，应进行民主评议和公开公示。

（二）健全常态化驻村工作机制

选派驻村第一书记和工作队，是脱贫攻坚战中落实精准方略、解决"谁来扶"问题的有力举措。驻村帮扶工作是我国政治优势、制度优势的具体体现，是具有长期性的制度安排。习近平总书记在 2020 年底召开的中央农村工作会议上强调，要坚持和完善向重点乡村选派驻村第一书记和工作队制度。① 2021 年 2 月 25 日，习近平总书记在全国脱贫攻坚总结表彰大会上再次强调，"要坚持和完善驻村第一书记和工作队、东西部协作、对口支援、社会帮扶等制度，并根据形势和任务变化进行完善"。② 为深入贯彻落实习近平总书记重要指示精神，《中共中央国务院关于巩固拓展脱贫攻坚成果同乡村振兴有效衔接的指导意见》和 2021 年中央一号文件都对选派驻村第一书记和工作队作出了部署。中央组织部牵头起草了《关于向重点乡村持续选派驻村第一书记和工作队的意见》，进一步明确了总体要求、选派范围、人选条件、职责任务、管理考核、组织保障等要求，对新阶段驻村帮扶工作再动员、再部署。③ 文件印发后，各地闻令而动，迅速贯彻落实。贵州、云南省委主要领导作出批示，8 个省份召开了驻村帮扶工作部署会，29 个省份出台了实施意见或方案。各地各部门坚持精锐出战，积极有序推进驻村干部选派轮换，截至 8 月底基本轮换完毕，全国在岗驻村工作队 17.2 万个，驻村干部 56.3 万人，其中，驻村第一书记 18.6 万人。全国有 5.2 万名任期届满的驻村干部主动请缨，继续驻村；中央单位选派 457 名精兵强将到定点帮扶县任驻村第一书记；新疆平均每个工作队 5—6 人；湖北

---

① 《习近平出席中央农村工作会议并发表重要讲话》，中国政府网，2020 年 12 月 29 日，http：//www.gov.cn/xinwen/2020 – 12/29/content_5574955.htm。

② 习近平：《在全国脱贫攻坚总结表彰大会上的讲话》，《人民日报》2021 年 2 月 26 日，第 2 版。

③ 《中共中央办公厅印发〈关于向重点乡村持续选派驻村第一书记和工作队的意见〉》，中国政府网，2021 年 5 月 11 日，http：//www.gov.cn/zhengce/2021 – 05/11/content_56058 41.htm。

向 6 户以上的易地扶贫搬迁安置点选派驻村工作队；吉林在轮换后两个月内完成全覆盖培训。总的来看，各项工作进展顺利，势头良好，各地要再接再厉、乘势而上，进一步做好新阶段驻村帮扶工作。[①]

（三）坚持和完善东西部协作和对口支援帮扶机制

坚持完善东西部协作机制是摘帽不摘责任、摘帽不摘政策、摘帽不摘帮扶的重要体现，也是脱贫攻坚过渡期政策完善优化的重点内容。2021 年 4 月，习近平总书记对深化东西部协作和定点帮扶工作作出重要指示。开展东西部协作和定点帮扶是党中央着眼推动区域协调发展、促进共同富裕作出的重大决策。要适应形势任务变化，聚焦巩固拓展脱贫攻坚成果、全面推进乡村振兴，深化东西部协作和定点帮扶工作。习近平总书记强调，要完善东西部结对帮扶关系，拓展帮扶领域，健全帮扶机制，优化帮扶方式，加强产业合作、资源互补、劳务对接、人才交流，动员全社会参与，形成区域协调发展、协同发展、共同发展的良好局面。[②]

根据中央部署，下一步主要是要调整优化东西部协作结对关系，坚持尊重历史、保持总体稳定，坚持整合力量、优化结对关系，坚持统筹协调、稳定帮扶体系，实现原有帮扶工作平稳过渡。保持资金投入力度是基础，过渡期内，东西部协作财政援助资金投入规模应该保持一定力度。保持干部人才选派交流力度是重点，继续开展干部双向挂职交流，选派教育、医疗、农技等专业技术人才支援西部。加强劳务协作是关键，东部地区要继续为在当地务工的中西部脱贫劳动力提供稳岗就业服务。中西部地区要主动加强与东部地区工作对接，配合做好稳岗工作。加强产业协作、消费合作是根本，鼓励支持帮扶双方共建产业园区，鼓励支

---

① 王正谱：《在全国驻村帮扶工作推进会上的讲话》，国家乡村振兴局网站，2021 年 10 月 9日，http://www.cpad.gov.cn/art/2021/10/9/art_624_192007.html。

② 《习近平对深化东西部协作和定点帮扶工作作出重要指示强调　适应形势任务变化　弘扬脱贫攻坚精神　加快推进农业农村现代化　全面推进乡村振兴》，《人民日报》2021 年 4月 9 日，第 1 版。

持东中部劳动密集型产业向西部地区梯度转移。中西部地区加强农特优产品生产管理，东部地区加强支持和采购，继续加强农产品消费合作。

在职业技能培训方面，人力资源社会保障部、国家乡村振兴局印发《国家乡村振兴重点帮扶地区职业技能提升工程实施方案》，要求将职业教育培训协作纳入东西部协作和对口支援工作重要内容，把国家乡村振兴重点帮扶县作为帮扶重点，扩大东西部地区优质教育培训资源供给和输出。加强技工院校对口帮扶，鼓励院校采取专业联建、师资交流、教研共享、网上课堂等多种渠道和方式，援助改善基础条件、扩展办学规模、建设特色专业。建设东西部技工院校合作联盟，采取联合招生、合作办学等形式，共同培养高技能人才。[1] 在卫生健康领域，《关于实现巩固拓展脱贫攻坚成果同乡村振兴有效衔接的意见》要求，东西部协作、对口支援和社会力量等帮扶措施进一步向卫生健康领域倾斜。持续开展三级医院对口帮扶，根据新一轮东西部协作结对关系安排，适当调整对口帮扶关系，保持对口帮扶工作管理要求不变。在产业扶贫方面，《中共中央　国务院关于全面推进乡村振兴加快农业农村现代化的意见》要求，优化东西部协作、对口支援帮扶方式，引导东部地区企业到脱贫地区投资兴业，鼓励东西部共建产业园区。深化脱贫地区农村集体产权制度改革，推动村集体经济做大做强。[2]

（四）强化巩固拓展脱贫攻坚成果考核机制

脱贫攻坚实施了最严格的考核评估，开展扶贫领域腐败和作风问题专项治理，建立全方位监督体系，真正让脱贫成效经得起历史和人民检

---

① 《人力资源社会保障部　乡村振兴局关于印发〈国家乡村振兴重点帮扶地区职业技能提升工程实施方案〉的通知》，中国政府网，2021年6月28日，http://www.gov.cn/gongbao/content/2021/content_5636151.htm。

② 《习近平对深化东西部协作和定点帮扶工作作出重要指示强调　适应形势任务变化　弘扬脱贫攻坚精神　加快推进农业农村现代化　全面推进乡村振兴》，《人民日报》2021年4月9日，第1版。

验。脱贫攻坚任务完成后，脱贫地区开展乡村振兴考核时要把巩固拓展脱贫攻坚成果纳入市县党政领导班子和领导干部推进乡村振兴战略实绩考核范围。与高质量发展综合绩效评价做好衔接，科学设置考核指标，切实减轻基层负担。强化考核结果运用，将考核结果作为干部选拔任用、评先奖优、问责追责的重要参考。

在巩固拓展脱贫攻坚的具体领域，也都对考核评估做出了明确要求。例如，《中央农村工作领导小组关于健全防止返贫动态监测和帮扶机制的指导意见》要求，将防止返贫动态监测和帮扶工作成效作为巩固拓展脱贫攻坚成果的重要内容，纳入乡村振兴战略实绩考核范围，强化考核结果运用。加强监督检查，创新完善工作方式，及时发现解决突出问题，对弄虚作假、失职失责，造成规模性返贫的，严肃处理，追究问责。《关于实现巩固拓展教育脱贫攻坚成果同乡村振兴有效衔接的意见》也要求强化考核评估，配合中央有关部门开展乡村振兴督查考核，及时发现和解决巩固拓展教育脱贫攻坚成果同乡村振兴有效衔接相关问题，推动各项政策举措落实落地。发挥教育督导作用，把巩固拓展教育脱贫攻坚成果同乡村振兴有效衔接落实情况纳入对省级人民政府履行教育职责评价范围。

四　讨论与建议

巩固拓展脱贫成果具有"承前启后"定位。一方面，需要针对易返贫、易致贫群体开展持续帮扶工作，建立稳定脱贫长效机制；另一方面，要向全面推进乡村振兴的工作重心转移，推动脱贫攻坚的工作体系有效衔接到全面推进乡村振兴上来，逐步实现从集中支持脱贫攻坚向全面推进乡村振兴的平稳过渡。① 这也意味着脱贫攻坚期间形成的管理体

---

① 《国新办举行全面推进乡村振兴加快农业农村现代化发布会》，中国政府网，2021 年 2 月 23 日，http：//www.gov.cn/xinwen/2021－02/23/content_5588394.htm。

制和工作机制有必要做出相应的调整，不仅需要坚持脱贫攻坚期间所积累形成的有益经验，也要针对新发展阶段的新格局和新目标进行有针对性的改革创新。

（一）进一步明确有关部门职能与分工

从领导机构来看，农业农村部、中农办、国家乡村振兴局一些职能有交叉重合，容易出现基层对口部门责权边界模糊的情况。同时，由于地方原有"脱贫攻坚指挥部"等临时性的组织，随着脱贫攻坚战胜利也进行了相应的调整，一些地方的乡村振兴局在面对巩固拓展的任务时力量不足，与农业农村部门有效协作的机制体制尚不明确。尽管明确了五级书记抓工作的领导体制，但由于既有不同机构和部门在组织层面上存在科层结构的制约，协调工作面临不少障碍。因此，进一步明确有关部门职能与分工不仅对于理顺中央层面的部门关系尤为重要，对于地方高效开展工作也意义重大。

尽管由于过渡期的特殊性，以及地方发展的不均衡，短时间内实现科层结构的系统调整面临诸多困难，但对于若干具有延续性的具体工作，仍可进行明确的分工。例如，可以从"五大振兴"的角度，在乡村振兴部门设立专门的机构，不仅有助于实现巩固拓展脱贫攻坚成果目标，也有助于实现与乡村振兴的有效衔接。

（二）进一步完善基层干部激励机制

脱贫攻坚伟大成就的取得归功于广大干部群众辛勤工作和不懈努力，全国累计选派 25.5 万个驻村工作队、300 多万名第一书记和驻村干部，同近 200 万名乡镇干部和数百万村干部一道奋战在扶贫一线。2021 年，新征程再迈步伐，激励广大干部群众尤其是基层干部紧锣密鼓投身新的伟大事业，需要充分保障他们干事业的热情与积极性。从工作内容与目标而言，脱贫攻坚与乡村振兴存在一致性，但二者在工作方法上有不同。因此，让基层干部尤其此前投身脱贫一线的干部顺利转变工作观念和保持工作热情，需要有针对性的激励机制。

针对新的工作目标，一方面是要加强学习培训，让广大干部对于新征程、新使命有着更为深刻的认识，对于中央有关决策部署尽快形成准确的理解，另一方面是要坚持脱贫攻坚阶段形成的对于扶贫领域干部的关爱与选拔措施，将巩固拓展脱贫攻坚成果与乡村振兴有效衔接工作作为考察干部的重要依据。

（三）进一步加强脱贫群众的组织动员

脱贫攻坚时期，要充分激发群众的内生动力。"充分尊重、积极发挥贫困群众主体作用，激发培育贫困群众内生动力，增强参与发展、共享发展、自主发展的能力，使贫困群众不仅成为减贫的受益者，也成为发展的贡献者。"[①] 2021 年以来，尽管扶贫扶智、激发内生动力等理念已深入人心，但如何在巩固拓展阶段进一步强化脱贫群众的组织动员，激发他们追求更好生活的热情，还需要针对脱贫群众的生活生产需求开展更有针对性的组织动员工作。

"促进共同富裕，最艰巨最繁重的任务仍然在农村。农村共同富裕工作要抓紧，但不宜像脱贫攻坚那样提出统一的量化指标。"[②] 在实践层面，巩固拓展脱贫攻坚成果与乡村振兴有效衔接无疑是迈向共同富裕的关键领域、薄弱环节和重要组成，是迈向以及实现共同富裕的必要条件。然而，各地发展程度的差异性、阶段性，乡村振兴目标的复杂性、艰巨性，以及共同富裕内涵的理想性、丰富性，决定二者在实践中容易受到教条主义或者经验主义的制约。因此，在新征程、新使命初启的背景下，巩固拓展脱贫攻坚成果的体制机制既不能因循守旧，简单延续既有的领导体制与工作机制；也不能另起炉灶，构建新的体制机制；而需要根据发展的阶段性、区域的差异性等因素进行有针对性的改革与调整。

---

① 中华人民共和国国务院新闻办公室：《人类减贫的中国实践》，人民出版社，2021，第54页。

② 习近平：《扎实推动共同富裕》，《求是》2021 年第 20 期。

后　记

　　《中国乡村振兴报告（2021）》由华中师范大学在国家乡村振兴局中国扶贫发展中心的指导下组织编撰，旨在记录、刻画脱贫攻坚战全面胜利后巩固拓展脱贫攻坚成果和全面推进乡村振兴的实践进程。脱贫攻坚战全面胜利标志着第一个百年奋斗目标实现，但要解决发展不平衡不充分问题，仍然需要补齐农业农村短板弱项。因此，在迈入第二个百年新征程后，不仅需要巩固脱贫成果，还需要做好与乡村振兴有效衔接，全面推进乡村振兴。我们围绕此任务，每年选择若干重要专题进行深入调查研究，形成当年报告成果。

　　2021年报告框架由国家乡村振兴局中国扶贫发展中心主任黄承伟研究员和华中师范大学乡村振兴研究院陆汉文教授研究提出，具体研究工作由陆汉文、刘杰组织。各章初稿撰写分工如下：

　　第一章：李海金，中国地质大学（武汉）马克思主义学院教授；

　　第二章：刘杰，华中师范大学社会学院副教授；

　　第三章：范长煜，华中师范大学社会学院副教授；

　　第四章：李琳，华中师范大学社会学院讲师；

　　第五章：江立华，华中师范大学社会学院教授；

　　第六章：魏海涛，华中师范大学社会学院讲师；

　　第七章：郭之天，华中师范大学社会学院讲师；

　　第八章：袁泉，华中农业大学文法学院副教授。

　　各章初稿完成后，刘杰承担第一轮统稿工作，陆汉文、江立华最终定稿。

　　本报告的研究得到国家乡村振兴局中国扶贫发展中心与该中心主任

黄承伟研究员的悉心指导。作为政治学一流学科服务国家战略的重要载体，本报告的出版得到华中师范大学政治学一流学科建设经费和中央高校基本科研业务费专项资金资助。社会科学文献出版社及该社刘荣副编审、单远举编辑等同志为本报告编辑出版付出了大量心血。借付梓之机，谨向这些机构和个人致以衷心感谢！

报告中难免存在问题和错讹之处，恳请农村发展领域专家学者及广大读者批评指正。

陆汉文

2021 年 11 月 7 日